U0595558

周公子 著

我们终于可以聊聊岳飞

民主与建设出版社
·北京·

少年英雄谁家子

北宋政和年间，河南相州安阳县。

一伙聚众三百余人的盗贼，在首领张超的带领下，夜袭当地的富贵之家——安阳韩府。

韩府之发达，始自北宋名臣韩琦，其历任宋仁宗、宋英宗、宋神宗三朝宰相，在安阳老家建有豪华私邸，名为昼锦堂，取自《史记》中项羽所言"富贵不归故乡，如衣锦夜行"之句。韩琦反其意而用之，意指自己白昼锦衣，荣归故里，并请同僚好友兼文坛领袖欧阳修为之作《昼锦堂记》。后来，韩琦退位闲居，于昼锦堂的一池碧水上再修醉白堂，欧阳修之得意门生、众望所归的文坛盟主接班人苏轼为之作《醉白堂记》。

再之后，韩琦长子韩忠彦于宋徽宗初年任宰相，其长孙韩治、曾长孙韩肖胄先后任相州知州。

啧啧，好一个世代簪缨的超级大户，端的是一个打劫的好标的。

可惜，张超千算万算，只知韩府有大宋最闪耀的两颗文曲星为之题词作记，却不知此时此刻，府内更有两宋三百年间独一无二的武曲星坐镇。当其身坐高头大马，率部下明火执仗地将昼锦堂团团围住，认为自己人生的高光时刻即将到来时，只听"嗖"的一声——一支冰冷的利箭，穿透夜色，直贯他的咽喉……

张超圆睁双目，轰然坠马。

与之同时，空中传来一声清亮断喝：何方贼子，怎敢到此撒野？！

众贼大惊，慌忙举起火把，但见高墙之上，一个十七八岁的少年矫然而立，左手执弓，右手搭箭……眼见少年箭弦越拉越紧，唯恐像张超一般成为箭下之鬼的贼众们，顷刻间鸟飞兽散。

一场声势浩大的劫掠，就这样狼狈收场。

而这个仅凭一弓一箭击退三百贼众的少年，只是韩府中的一名佃户长工，姓岳名飞，字鹏举。

目录

壹　岳家有男初长成　　〇〇一

贰　荒唐帝王宗徽宗　　〇〇六

叁　联金灭辽埋祸端　　〇一三

肆　燕北鏖鼓动地来　　〇二〇

伍　靖康之难北宋亡　　〇二九

陆　康王赵构建南宋　　〇三六

柒　四次从军遇伯乐　　〇四四

捌　背军出走隶宗泽　　〇五二

玖　维扬惊魂苗刘叛　　〇六〇

拾　九五至尊浮海上　　〇六四

拾壹　独立成军复建康　　〇七一

拾贰　因功晋升镇抚使　　〇七八

贰拾陆　治军有道百战胜　　　　　　　一八四

贰拾柒　四援淮西留军影　　　　　　　二〇二

贰拾捌　明升暗降解兵权　　　　　　　二〇七

贰拾玖　挺身而出护韩公　　　　　　　二一一

叁　拾　谤议蜂起遭罢官　　　　　　　二一四

叁拾壹　千古奇冤莫须有　　　　　　　二一九

叁拾贰　旷古贤将遗风烈　　　　　　　二三二

叁拾叁　碧血冤狱万古恨　　　　　　　二四〇

叁拾肆　绍兴和议万马喑　　　　　　　二四五

叁拾伍　忠魂永存昭天日　　　　　　　二五三

后　记　书写岳飞，是一个不断
　　　　提升自己人生格局的过程　　二五九

拾叁　孤军一旅援淮西　〇八三

拾肆　所向披靡平众寇　〇八九

拾伍　初次北伐复六郡　〇九九

拾陆　再援淮西驱敌虏　一一〇

拾柒　洗兵湖湘破杨么　一一四

拾捌　二次北伐怅然归　一二一

拾玖　三次北伐势如虹　一二六

贰拾　淮西兵变生嫌隙　一三一

贰拾壹　密奏立储惹君疑　一三九

贰拾贰　屈辱议和风波起　一四三

贰拾叁　金国毁约再南侵　一五九

贰拾肆　四次北伐入中原　一六七

贰拾伍　十年之功一旦废　一七七

飞生时，有大禽若鹄，飞鸣室上，因以为名。
——脱脱《宋史·岳飞传》

岳家有男初长成

公元1103年，相州汤阴县，一户名为岳和的农家诞下一子。

其时，恰有一只大鹄鸟在岳家屋顶上飞鸣盘旋，岳和便借此吉象，为儿子取名岳飞，表字鹏举，希望这个男孩将来有鲲鹏万里之前程。

岳飞出生不足满月，毗邻其家乡汤阴的内黄县遭遇黄河决口，河水很快席卷到汤阴，涛滚浪急，冲田毁舍。在汹涌的洪水翻腾临门之际，岳母急中生智，抱起襁褓中的岳飞坐进院内的一口大瓮中，随波而去；后大瓮于高地处搁浅，母子俩方得存生。乡亲们对岳飞母子的遭遇称奇不已，纷纷感叹岳母怀中的婴儿大难不死，将来必非寻常人物。

岳家世代务农，家境并不宽裕，但岳飞之父为人忠厚热忱，乐善好施，颇有侠义之气。逢乡邻有断粮停炊者、遇离乱的饥荒逃难者，他宁肯缩减自家口粮，也要济人之危；甚至自家土地被侵占，也不过多计较，干脆将地赠予对方；乡人向其借贷，他亦从不催债。家人为此口出怨言，岳和便开导如下：一个人一天不吃饭就会饥饿难耐，三天不吃则有性命之虞。我们一日三餐减为两餐，或不吃干粮吃稀粥，虽为清苦，不致饿死。以此代价救人一命，难道不值得吗？

父亲的言传身行，让岳飞小小年纪便懂得了何为善良与道义。

在家庭教育之外，自幼酷爱阅读的岳飞，又从经史子集中觅得更多学识与滋养。

白天他利用劳动间隙看书，买不起灯油，晚上便燃起枯枝败叶，以之代烛，手不释卷，时或通宵不寐；家中书不多，就千方百计去借阅抄诵。浩浩书海中，其尤喜史书与兵法，如《左氏春秋传》《孙吴兵法》等。岳飞天资聪颖，记忆力强，看书又喜反复阅读揣摩，力求深刻理解书中要领。如此寒来暑往，苦读不辍，终得自学成才，不仅积累了日后成为一代名将的韬略智谋，又修得了行文作词之文化素养。

读书、劳作之余，天生神力的岳飞还擅舞枪弄棒。尚未成年，其已能拉满张力三百斤的劲弓，使用张力八百斤的腰弩。

这是什么概念呢？

弓、弩乃宋时的主要兵器，时称"军器三十有六，而弓为称首；武艺一十有八，而弓为第一"。弩是弓的一种，弓可步兵、骑兵通用，弩由双足或腰部开张，故只能步兵使用。宋朝的神臂弓，是历史上经典的弩具之一，据《宋史·兵志》记载，神臂弓可射入 500 米远的榆树中，且半支箭没入树干。南宋初期，名将韩世忠进一步改进神臂弓，推出克敌弓，射程更远，威力更强，"每射铁马，一发应弦而倒"，能射穿金朝的"铁浮屠"和"拐子马"等重装骑兵的铁甲。故侵宋金将完颜兀术（宗弼）曾在书信中说："吾昔南征，目见宋用军器，大妙者不过神臂弓，次者重斧，外无所畏，今付样造之。"

当时衡量人之武艺，主要看其能挽多大强度的硬弓，以及射箭的准确性。按宋朝军制，弓射一石五斗，已算武艺绝伦，可任御前侍卫。宋朝一石为现在的一百二十斤，"一石五斗"即一百八十斤，北宋武士挽弓的最高纪录是三石，即三百六十斤。而岳飞未成年，双臂已可挽弓三百斤，腰部发力近一千斤，其拉弓开弩之功可谓已登峰造极。

武学上，岳飞不仅天赋异禀，还有幸屡得名师指点。

早在十一岁时，他就由外祖父推荐，跟随勇冠全县的刀枪手陈广学习抡刀使枪之技，结果很快就超越陈广，成为"一县无敌"的名枪手。后来，岳飞又随乡人周同习箭。在《说岳全传》中，周同被塑造成如金庸小说中扫地僧一般的世外高人，十八般武艺样样精通，连梁山好汉林冲、卢俊义、史文恭都是其门下弟子。其实，这些纯属文学虚构，不过真实的周同虽无小说中的传奇光环，但的确箭术高明，且极为惜才，对所有门生都倾囊以授，岳飞在他的教导下进步神速。

一次，周同集合众门徒比试武艺，自己开弓先射，连发三箭，箭箭皆中靶心。轮到岳飞时，只见他引弓一射，箭出如风，将周同集在靶上的箭矢射破，再一箭，正中靶心！周同大惊，为有如此青出于蓝的弟子而深感欣慰，当即将自己珍爱的两张劲弓赠予岳飞。岳飞也不负其厚望，精心苦练，尽得恩师真传，最后竟能左右开弓，百发百中。

可惜，不久后周同即病亡，岳飞悲痛不已，每逢初一、十五，都至其坟前洒酒埋肉以示祭奠，无钱购置酒肉时，就典当自身衣物。天气愈来愈冷，岳飞衣着却渐趋单薄，其父岳和发现后，询问甚至鞭笞岳飞，岳飞却总是沉默不答。岳和担心儿子是交了狐朋狗友或背着父母有何不当行为，于是悄悄跟踪岳飞，知其秘密后，遂由忧虑转为赞许：你对恩师如此有情有义，他日若有机会施展才华，必能成为一个不惜为国捐躯的忠臣义士！

所谓知子莫若父。

岳父的这句评价可以说正是岳飞未来人生取向的绝佳概括。

而当时年少壮志的岳飞听罢，亦是雄心奔涌：只要父亲大人允许儿子以身报国，还有什么做不成功的呢！

公元1118年，十六岁的岳飞在父母的张罗下，与一位刘姓女子成婚，次年长子岳云出生。随着家庭成员的增加，经济压力也愈来愈重，仅是土里刨食，已不能保证一家之温饱。

情势所迫，不到二十岁的岳飞只得背井离乡，外出谋生。先是到文首所述的邻县韩府做过一阵长工，其间虽有击退盗贼的一箭之功，但境遇也未有多大改变。后经人举荐，还当过负责巡逻缉捕的"游徼"，类似现在的巡警之职，结果因年少无拘，醉酒不检，丢了差事，又返回家乡务农。

至其二十岁时，朝廷下诏要联金灭辽，收复燕云十六州。一身武艺的岳飞认为报效家国、正当其时，于是毅然弃农从军，奔向征辽战场——男儿何不带吴钩，收取关山五十州！

这是农家子弟岳飞人生的转折点，是其步入政治、军事舞台至关重要的第一步。

接下来的十九年里，他将凭借自己无上的勇气与谋略，让那支崛起于白山黑水间的金军闻风丧胆；更在纷纭乱世中以坚定不移的报国救民之心与抗击金军的巨大事功（凡百余战，皆以少胜多，未尝一败），成为中国历史上伟大的军事家和抗金英雄。

值得一提的是，1107年，岳飞四岁时，皇宫中有位姓韦的才人为宋徽宗诞下第九个儿子，取名赵构，后封康王。在岳飞于农家辛勤劳作、读书练武之时，这位皇子也在金翠耀目的皇宫内苑中锦衣玉食，无忧成长。

此时，没有人会料到，两个社会地位悬殊、看起来似乎永不可能产生交集的年轻人，会在未来的宋金战争中，一个成为叱咤风云、所向披靡的军事统帅，另一个变身独苗仅存、侥幸登基的至尊帝王。且二人还将于那段多事之秋的历史舞台上，代表抗金与降金两股力量，进行无比激烈的角力，最终一个忠烈千秋、争光日月，一个丧权辱国、遗臭万载。

在那段屈辱沉痛、风云变幻的历史拉开序幕前，我们不妨先来了解下充当其前奏的宋徽宗时代。

荒唐帝王宋徽宗

> 自古人君玩物而丧志，纵欲而败度，鲜不亡者，徽宗甚焉，故特著以为戒。
>
> ——脱脱《宋史·徽宗本纪》

岳飞自出生到青年时代，恰好处于宋代第八位皇帝宋徽宗在位时期。

宋徽宗名赵佶，是宋神宗赵顼第十一个儿子，宋哲宗赵煦之弟。他本是一个无缘、也无心皇位的富贵王爷，因哥哥宋哲宗二十四岁去世，未留子嗣，十九岁的他便被向太后推荐为帝。

客观来讲，赵佶乃为不世出的天才艺术家，书法绘画，诗词歌赋，吹拉弹唱，骑马蹴鞠，建筑园林，甚至医学茶道，瓷器古玩，样样精通，人称"百艺之王"；就连宋代名画《清明上河图》《千里江山图》，也都是在他的支持甚至指点下完成的。可惜，在澎湃充沛的艺术才华之外，他却严重缺乏一个帝王应有的政治素养——一个风流天真的文艺青年阴错阳差地登上了君临天下的帝王高位，人岗不相宜，最后不可避免地将北宋王朝推向了灭亡的深渊。

其为政之昏庸腐败，主要体现在如下几点。

一、亲小人而远君子

宋徽宗初登帝位时，也曾俭约勤政，察纳忠言，维持了两年左右政通人和的清明局面，明清史学家王夫之对此曾评曰"徽宗之初政，粲然可观"。

可惜，之后其长期所倚重宠信、占据朝廷要职的大臣，几乎清一色是奉承拍马、徇私舞弊的奸佞宵小——蔡京、王黼、童贯、梁师成、朱勔、李彦，史称"北宋六贼"。宋徽宗少年登基，心性天真，又无治国经验，在一众佞臣的诱导下，很快从年轻有为的帝王滑向昏庸之君。

例如，其所宠信至极的大臣蔡京，乃六贼之首，靠着过人的书法才华和超级逢迎术，一步步攀爬至宋徽宗的宰辅之臣、艺术知音加儿女亲家，从此权势熏天，在宰相的位置上盘踞了十七八年，其利用个人地位以权谋私之事，不可胜计。比如，援引亲属："蔡京拜相数年，子六人、孙四人同时为执政、从官"，一家子加上蔡京自己，竟有十一个人在皇帝身边担任要职。再如，其还会明码标价地卖官鬻爵："三千索，直秘阁；五百贯，擢通判"，无数庸才通过向他输财纳地便可得高官美职。

蔡京生活之奢靡，也令人咋舌，其于京城内有豪宅数所，规格之华丽不逊皇宫；吃一顿蟹黄包，花费相当于 40 户中等生活水平的家庭一年的生活费。

此外，蔡京为固位荣宠，百般讨好徽宗，始终对皇帝说，不必拘泥流俗，应竭尽四海九州之财力来满足自身欲望。他为徽宗提出一套享乐理论，名为"丰亨豫大"。四个字都摘自《周易》，意即在国泰民安的盛世，皇帝就该尽情地吃喝玩乐，否则便是违背天意，对百姓不利。还有一个理论叫"为王不会"，"会"是"会计"的"会"，意思就是皇帝花钱不用算计，想花则花；堂堂君主如果都要精打细算，那平民百姓得穷成什么样？所以为了体现大宋和人民的强盛富足，皇帝就该可劲花、随意花。

蔡京还不断对徽宗说，宋朝的礼乐制度和宫殿规模，与国家的繁荣昌盛及徽宗的君德之隆极不相称，怂恿徽宗将大内宫殿扩建了近一倍，且装修得富丽堂皇，奢华至极。宋朝著名画家、苏轼之子苏叔党曾被徽宗召进皇宫作画，出来后说里面的宫殿是"俯仰之间，不可名状"，意思是简直无法用语言来形容皇宫的崇高阔大和豪华程度，而他去的，还只不过是其中一个偏殿而已。

同样在徽宗朝担任过宰相的蔡京之子蔡攸，也常劝皇帝说："所谓人主，当以四海为家，太平为娱，人生岁月几何，岂可徒自劳苦！"在辅宰之臣们如此天长日久的"忽悠"之下，徽宗不可避免地沦为一个彻头彻尾的享乐主义者：

> 君臣逸豫，相为诞谩，怠弃国政，日行无稽。
>
> ——元·脱脱《宋史》卷二十二

长此以往，宋王朝焉能不亡？

二、骄奢淫逸，挥霍无度

徽宗之奢侈居宋代皇帝之首。

所有传统假日他都大肆庆祝。如元宵节，他会亲临宣德楼观灯，令人撒下金钱银钱，让百姓哄抢取乐，还用黄金制成形似橘子的弹丸射向楼上群臣所在的幕次，一次即可射达数百丸。他的生日则全国各州县均要大办宴席，共同祝寿，一切费用皆由国库支出，各地官员借此机会大操大办，一桌普通宴席，便要花费数百千缗。各州郡又相互攀比，祝寿规模越来越大，花钱如流水。

从宋太祖起，后宫嫔妃加宫女的数量一直保持在几百人，到徽宗执政，竟激增到万余人。他还喜欢将珍稀的进口香料龙涎香灌进蜡烛内，每晚要在寝殿内点燃数百支，使馨香绕梁。

对宠幸的近臣，他动辄赏赐府第，一座府第往往要花费数十万缗，如要修缮得美轮美奂，则非百万缗不可。朝廷每年茶税收入才一百多万缗，但其赏赐道士李德柔建造斋房用的钱，一次便有五百万缗。宋太宗曾命巧匠打造金带三十条，一条自用，另一条赏予大将曹彬，余下的二十八条贮于库中，珍贵无比，从真宗到哲宗，都未动用过。而徽宗即位后，只要高兴，便拿出金带奖赏臣下，童贯、蔡攸等人都获赐金带。

除以上外，在其所有的奢靡行为中，危害最大、最具其个人特色的，当数"强征花石纲"。起因只是宋徽宗想要征集一些奇花异石，以供观赏、写生之用，后来却愈演愈烈，眼见进贡花石者个个加官晋爵，各地官员争先效仿，极尽搜刮之能事。凡所贡之物，悉数从民间夺取，以御用之物为由，分文不付，天下为之骚然。

此外，徽宗还听信道士的风水之言，在京城修建了一座周十余里，占地近千亩，号称"括天下之美，藏古今之胜"的万岁山，又称艮岳。园内山林岩壑宛若天成，山上山下泉池散布，溪瀑飞流，亭台楼阁，不可胜记。还有从全国各地搜罗而来的奇峰怪石、名花佳木，甚至珍禽异兽，比如从四川运来的长臂猿，还有数千头梅花鹿，十几万只飞禽等，喂食之时，走兽成群，珍禽蔽日，蔚为壮观。

园林建成后，宋徽宗亲自作《御制艮岳记》，称他所打造的这个艮岳是：

> 东南万里，天台、雁荡、凤凰、庐阜之奇伟，二川、三峡、云梦之旷荡，四方之远且异，徒各擅其一美，未若此山并包罗列，又兼其绝胜。
>
> ——宋·赵佶《御制艮岳记》

然而，帝王的无尽享乐，往往是建立在普通百姓的血泪之上的。

例如，当时一块高达四丈的太湖石，从江南运到开封，动用船夫达数千人，全程耗费三十万贯钱，顶得上当时一万户中等人家一年的生活费用。除了劳民伤财，在征石、运石过程中，还出现毁桥梁、拆城门（石头太高过不去）、造巨船（太湖巨石，车子装不下）、走海路（巨船河路无法通行）、挖祖坟（看中百姓坟头形状奇绝的树木）等一系列荒唐事件，且前后竟持续了近二十年。

普通人败家，败掉的仅为一户之资；而皇帝败家，掏空的却是整个国家的财富。

在如此挥霍无度的生活下，宋徽宗很快将宋代前几任帝王积攒的国财败得一干二净。据史料记载，徽宗当政前，国库每月支出约三十六万缗，其当政后，每月增至一百二十万缗，涨了近四倍。其即位仅三四年，财政就已严重入不敷出，全年的赋税等收入，八九个月就用完了。而后便滥发纸币，造成物价飞涨，又增加各种名目的课税，对百姓进行敲骨吸髓式的压榨。

最终，闹出了震惊东南的方腊起义，东南的六个州和五十多个县都遭起义军烧杀抢掠，加上后续朝廷武力平叛，最终共造成约一百万起义军和两百万平民丧生，严重损耗了大宋的国力与民心。

在镇压起义时，"花石纲"曾一度撤销，但方腊被杀后，竟又恢复。一直到金军的铁蹄来袭，宋徽宗才发觉自己的江山早已风雨飘摇，不得已下了罪己诏，"花石纲"才算真正消失。

而用时六年、耗费无数民脂民膏所建之艮岳，仅五年后，就在宋金战争中化为废墟，奇峰怪石被移作抵抗金军的炮石，珍禽异兽被屠宰以充军粮，亭台楼阁、名花美木被民众拆毁、砍伐以作取暖之薪。

一切繁华，雨打风吹去也！

三、崇信道教，怪力乱神

宋徽宗是狂热的道教徒，十分迷信天符、祥瑞、幻术等。其在位期间，曾于全国各地大建道观，且赐大量田产，地位居各教司之首。他还听信道士之言，认为自己乃玉皇大帝的长子神霄帝君下凡，授意道录院册封其为教主道君皇帝，意即其不仅是皇帝，还是天下道教的总教主，成为中国历史上唯一一位政、教一体的帝王。

当时，道士的待遇优渥异常。徽宗把显示皇家雍容尊贵、向不轻易授人的玉方符、金方符也破例赐予他们，还在背面铸御笔之字"赐某人奉以行教，有违天律，罪不汝贷"，意思是道士们持此符牌传教，如握尚方宝剑，所到之处，等同帝王亲临，就算是犯了天大的罪，也能免责。

有位名叫林灵素的道士，深受徽宗宠信，其道徒多达两万余人，且全体皆任道官，按月领俸。他们锦衣玉食，出入宫廷，待遇比京城的中级官员都高。据史料记载，宋神宗熙宁年间，全国道士加女冠不足两万人，到徽宗朝时，道士、女冠和僧尼的总量竟激增到百万之多。

当时，朝廷擢升侍从（宋代称殿阁学士、直学士、待制、翰林学士、给事中、六部尚书、六部侍郎等官为侍从）以上级别的官员，不看能力大小、政绩好坏，一律先让算卦者推算其五行休咎，再行任命，近乎儿戏。以至于当时的官员为保升迁，都去巴结术士，只要他们口角春风、美言几句，便能立上青云，谁还肯踏踏实实潜心政务呢？

不仅如此，徽宗还将蔡京、童贯、王黼等重臣加封为宫观官员，每逢上朝，宫殿上一片羽服黄冠，煞像道场，君臣之间开口闭口"无量天尊"，朝政混乱到无以复加的程度。无怪王夫之在《宋论》中直斥徽宗君臣是：

> 君不似乎人之君，相不似乎君之相，垂老之童心，冶游之浪子，拥离散之人心以当大变，无一而非必亡之势。

> ——清·王夫之《宋论·徽宗》

后来，直至金军入侵宋朝、逼近开封之时，宋徽宗还到皇宫的玉虚殿中焚烧祷词，祈求道教神灵帮助拯救他的大宋江山，甚至被俘为阶下囚后，北迁的路上，他还身穿紫色道袍，头戴逍遥巾，仍认为自己乃神仙下凡呢！

国家平燕云之初，臣方束发，从事军旅，誓
期尽瘁，不知有家。
　　——岳飞《乞终制札子》

联金灭辽埋祸端

　　如果说徽宗的以上种种荒唐之举仅引发了国之内患，那接下来，他在外交战略上的好大喜功，则彻底将大宋王朝推向了加速灭亡的路上——与金国签订共同伐辽的"海上之盟"，妄图收复燕云十六州，完成北宋历代帝王的未竟之功，扬名万世；以及借此转移民众视线，缓解国内社会矛盾。

　　燕云十六州位于今山西与河北两省的北部，在唐代属中原领土，"燕"指燕京（今北京）附近地区，"云"指今大同附近地区。十六州紧挨长城南侧，迤逦千里，是长城防线赖以存在的有力依托。

后来，五代十国时期，后唐大将石敬瑭造反，并向契丹求助，原本只需钱财即可请得援兵，他却给出割让燕云十六州、向比他还小十岁的辽太宗耶律德光称父的优厚条件，成为历史上臭名昭著的儿皇帝及出卖中原王朝利益的千古罪人。

可以说，两宋三百余年的外患局面，皆拜石敬瑭此举所赐。

割让燕云十六州，意味着自河北至山西的千余里长城防线都被拨入辽国境内，连长城南侧的险关要隘也一并奉送之。自此，中原王朝便完全暴露于游牧民族的铁蹄之下，在军事斗争中处于屏障尽失、无险可守的被动地位。因中原以步兵为主，而游牧民族以骑兵为主，丧失了十六州，中原步兵就要在千里平原上，直接以血肉之躯面对骑兵冲击——这成为北宋王朝的一块心病，历代皇帝及臣民无不渴望收复燕云地区，为大宋疆土竖起一道地理屏障。

赵匡胤（宋太祖）黄袍加身、建立宋朝后，采取"先南后北"的统一战略，主要是南向用兵，对北方辽国则采取防御姿态，双方保持表面和平。

赵匡胤死后，其弟赵光义（宋太宗）吞并与辽毗邻的北汉后，想趁势而上，直捣幽州，一举夺回燕云十六州，持续 25 年的宋辽战争就此开启。结果，第一次赵光义率军亲征，败于高粱河（今北京外城一带），且于激战中大腿中箭两矢，坐着驴车，狼狈南逃，"仅以身免"；第二次雍熙北征，又接连五次大败，共损失兵力约 30 万人，将宋初选练的精锐部队消耗殆尽，埋下了积弱之根，却仍未能收复燕云地区。

到第三位皇帝，宋真宗赵恒在位期间，辽国再次大举来犯，深入宋境。真宗在宰相寇准的逼迫下，御驾亲征，在澶州（河南濮阳，距开封仅 150 公里）与辽军遭遇，宋军以床弩射杀辽国名将萧挞凛，大挫辽军锐气。加上连年征战，双方都已打疲，就此签订著名的"澶渊之盟"，互约为兄弟之国。宋每年向辽国支付岁币银十万两、绢二十万匹，以作和平之资（到仁宗庆历年间，增至银二十万两、绢三十万匹）。

此后，北宋的第四到第七位皇帝，宋仁宗赵祯、宋英宗赵曙、宋神宗赵顼、宋哲宗赵煦，都是和党项族建立的西夏打来打去，与辽国基本相安无事，维持了上百年和平。

待第八位皇帝宋徽宗上台，辽国已处于衰落期，而更加强悍的女真族却在东北地区迅速崛起。

女真族隶属辽国统治，其中一部分不断往南迁移，被辽国编入户籍，称为"熟女真"。还有一部分女真人虽也臣服于辽，但一直生活在女真故地（东北平原的北部），未被同化，实际领导权也在部落首领手中，被称为"生女真"，他们以渔猎为生，人人弓马娴熟，"骑上下崖如飞，渡江河不用舟楫，俘马而渡"。

辽国每年要向女真人索取黄金、名马、貂皮和极难捕捉的海东青（一种猛禽，擅长抓兔子，适合驯为猎鹰），还常强制性低价购买女真人的物品，并向其摊派名目繁多的徭役、贡赋。辽国官员到女真部落巡视时，往往极尽敲诈勒索之能事，甚至强迫女真人进献美女，称为"荐枕"，村民稍有不从，就会被施以拳脚，契丹人还扬扬得意地为此暴力行径取名"打女真"。

在这样严酷的压迫和歧视下，1114 年冬，生女真的首领完颜阿骨打，以向契丹索要投降的部落酋长被拒为由，举兵反辽。其时，阿骨打仅有二千五百兵马，却连战连捷，很快控制了黑龙江以北区域，并于 1115 年初称帝，国号大金。

到 1118 年，辽国在金的攻击下已气息奄奄，危在旦夕。

消息传到北宋，宋徽宗和他的佞臣集团突发奇想：既然金、辽强弱已定，大宋何不与金结盟攻辽，收复燕云十六州？那可是连太祖、太宗都未能实现的伟业，事若可成，乃为何等之功勋！非但可重振民心、缓和国内矛盾，还必将扬名史册，传之万世。

想到这里，宋徽宗君臣兴奋不已，于 1118 年正式派出外交使团，从山东泛渤海前往金国，以买马为名，谈判结盟。

经过两年的频繁接触和讨价还价，宋、金商定盟约如下：

1. 双方联合攻辽，以长城为界，南北双向夹击，双方均不得单独接受辽国投降。

2. 灭辽后，燕云地区归宋，宋把原本给辽的岁币转交金国。

3. 如宋不能履约攻克燕京，则盟约作废。

结果，燕京一战，二十万宋军被行将湮灭的辽国打得溃不成军，逃跑的路上自相践踏，"士卒踩践死者百余里"，粮草辎重弃之于道，自神宗与王安石变法以来，边境所储的兵马军备丢失殆尽，再无攻辽之力。

而徽宗居然还天真地向金国传话：要不你们搭把手，帮着一起把燕京打下来？

阿骨打接到求助信后，既震惊又好笑：震惊于泱泱大宋，战斗力竟羸弱至此；好笑的是，让我们帮着打燕京，打下来送还你们？我们是没文化，但我们并不傻！

此后，金国兵威赫赫，自取燕京，如此一来，自然不愿再将燕云地区白白归还宋朝。

最终，经过艰难谈判，北宋以将原来给辽的岁币转交金国及每年增加代税费一百万贯铜钱（折合白银一百万两）的巨大代价，买回燕京及附近六州。而金人在交付燕京时，将城中财富和人口劫掠一空，还拆毁城壁楼橹及其他防御设施，只留给宋朝一座丘墟荒芜、狐行兽走的疮痍之城。

在派遣官员前往燕京与金人交接时，徽宗为挽回攻辽失利的颜面，从宫廷拿出大量珍宝古玩、良金美玉，让官员布置在燕京官府中，企图以奢华装饰压制女真人的嚣张气焰。

堂堂一国之君，天真至此，实令人难以置信。

众所周知，想要于外交场上树威于邻邦，最需展示的乃是强大的军事力量。而宋朝在攻辽时已将羸弱的战斗力暴露无遗，此刻竟又主动家财外露，这对尚处于奴隶制、掠夺性极强的女真人来说，非但感受不到任何震慑，反被勾起极大贪欲。

呵！好一个国弱钱多，不抢何为！

当时，北宋也有一些有识之士表达了对宋金关系的担忧，认为两国条约至多能维持三年。辽国已灭，金国却还在扩编、训练军队，并不断往边疆重镇调集兵力，显然是在为鲸吞大宋做准备。

而宋徽宗和他的宰辅之臣，对即将到来的宋金战争却毫无警觉，反将斥巨资买回燕京空城的耻辱之事当作建国一百六十多年来未有之荣光，张灯设乐，大赦天下，广行封赏，醉歌酣舞。完全没有意识到，此时距金国南下侵宋，仅余两年时光。

客观来讲，宋徽宗君臣筹谋收复燕云十六州，不能说完全有错。他们的失误，在于对本国军事能力没有足够清醒的认知——因宋朝一贯重文轻武之国策，加之徽宗君臣耽于享乐，不思励精图治，当时朝廷上下几无可用之将、能战之兵，戍卒离散，武力不竞，出兵燕京并非稳操胜券之事。何况，一旦辽国灭亡，宋金之间再无缓冲地带，宋朝不得不与更加强大和贪婪的金国为邻。

更要命的是，结盟过程中双方不断互派使臣，金人不仅见识到北宋的繁华富庶，更发现宋朝其实并不遥远，只要越过黄河，即可一马平川、直抵开封，而燕京惨败又使金国彻底窥透宋朝文恬武嬉的腐败本质，两相结合，金人已迫不及待想要找碴攻宋。

如此一来，宋朝"联金灭辽"之策本为收复失地、建不世之勋，结果却是实打实的引虎驱狼、自掘坟墓，给四年后的灭国之灾，埋下一触即燃的引线。

而我们本书的主人公岳飞，正是由此事件步入军旅。

二十岁的岳飞广额丰颐，双目炯然，身材壮实，中等偏高，生就一副勇武之姿。应征入伍后，很快他便因武艺出众、深通兵法而被所属长官真定府（今河北正定县）知府刘韐大奇之，任命为小队长。两次征辽，岳飞都有跟随刘韐抵达燕京前线，可惜因皇帝昏庸、将帅无用，终使其未能和敌人真正交锋。

征辽虽无功而返，但优秀的人总有机会脱颖而出。

当时，岳飞的家乡相州，有一股拥众数千的"剧贼"，攻县掠镇，滥杀吏民，屡败官军，为祸一方。岳飞知情后，主动向知府刘韐请战，要求为故乡人民除害。

刘韐允之，拨给岳飞两百兵士。

两百对数千？确定不是让岳飞去送死？！

别急，岳飞将用接下来的行动，向我们阐述这样一个军事真理：兵不在多，关键在于怎么用。率兵披星戴月从真定府赶回相州后，岳飞先遣三十名士兵乔装为行旅商人，运车携货，进入盗匪盘踞之地，意料之中，三十名"商人"很快被盗匪掳进营寨。接着，岳飞又派百余名步兵于夜间埋伏在敌寨前的山脚丛林中。次日，岳飞亲领数十骑前往诱敌，交战几个回合后，佯败而逃。贼兵趁势追赶，到得山脚处，却见岳飞的百名伏兵跃出厮杀，先前打进敌人队伍的三十个士兵也一拥而上，里应外合，一举将两个贼首俘下马来。

好一招擒贼先擒王！

其余敌兵见此情景，纷纷束手就擒；未上阵的喽啰，则纷飞逃散。

就这样，岳飞以两百兵士轻松击溃数千匪贼，其卓越的军事天分与才华，在第一次指挥作战中就得以充分展现，而且还将在第二次、第三次从军中屡被验证。

因破贼有功，岳飞被提拔为从九品的承信郎。可惜，任命书尚未下达，却先接到父亲岳和辞世的噩耗，岳飞急返汤阴奔丧，并于家中守孝三年。

守孝期满后，宣和六年，河北等路发生水灾，宋朝有灾年招兵的惯例，"不收为兵，则恐为盗"。为求出路，岳飞再次应征入伍，被分拨到河东路平定军（平定即今山西省平定县），编入骑兵，因武艺出众，很快升为"偏校"。

此时，距宋金战争拉开序幕，仅余一年时间。

燕北鼙鼓动地来

> 南朝可谓无人矣，若有一二千人守河，吾辈
> 岂能渡哉！
>
> ——李德辉《晋唐两宋行记辑校》

　　1123 年，金国平州（今河北卢龙）守将张觉意欲向宋投诚，平州乃宋求之于金而不得的军事要塞，如今有人携城来降，可谓求之不得。宋徽宗大喜之下，不顾两国间不得互相招纳降将的条约，立授张觉为世袭节度使，并以金花笺御笔修书一封。

　　结果，金人已对张觉有所怀疑，出兵攻打平州，并截获宋徽宗亲笔书信。张觉则逃到燕山府（今北京西南）常胜军将领郭药师处藏匿，因他们原本同为辽国人，郭药师及其常胜军在宋朝伐辽初期就已投诚，目前正为大宋守卫燕京。

金国攻克平州后，向北宋发出通牒，索要张觉。

北宋起初找了与张觉样貌相似之人顶替，送去个假首级。被金人识破后，无能、无奈之下，不得不从郭药师家搜出张觉及其两子，将三人缢杀，首级泡在水银中函呈金国。

如此懦弱之举，结果是两面得罪，缢杀张觉让同为降将的郭药师深感兔死狐悲，悲愤异常："他日若金国要我人头，又将如何？！"对宋朝彻底失去信心的他，在金国伐宋不久后，即携军队弃宋降金，且成为金军侵宋的有力向导。而金国拿到张觉人头后也并不买账，依然以宋朝招纳金国叛将、违反两国合约为由，于1125年冬，铁蹄扬尘，南下侵宋。

金军兵分两路，东路由完颜阿骨打次子斡离不（完颜宗望）率领，由平州取道燕京南下；西路以阿骨打的侄子粘罕（完颜宗翰）为统帅，从大同府出发攻太原，双路并进，势如破竹。

承平日久、疏于战练的大宋军队，面对女真人的剽悍骑兵，一触即溃，甚至尚未交战，便望风而逃。作为当时世界上经济、文化发展程度最高而军事实力却严重脱节的大宋王朝，即将面临空前之劫难。

在此之前，察觉金人异动的燕京守臣，曾发出一百七十多封边防告警，传到徽宗手中后，他竟生生捂住了消息，没有告知外廷官员，甚至下达命令：凡敢妄言边疆事务者，流徙三千里，罚款三千贯，纵遇大赦，不得豁免！

宋徽宗如此操作，原因有三：怕惹恼金人，引发战争（不想惹，当初干吗接收人家的降将？）；因彼时郭药师尚未降金，他对常胜军守护北方有信心（整个北方边境线战斗力最强的军队竟是一支辽国降军，不汗颜吗？）；盛大的南郊祭祀活动即将举行，他不想被扰乱（大宋亡了不要紧，关键是不能得罪老天爷）。

不仅皇帝在瞒，大臣们也在瞒。

金国出兵后，曾让使臣递交伐宋檄文给大宦官童贯（北宋六贼之一），当时他身为北方边防负责人，驻扎太原。接到金人书信后，他不思如何御敌，反而火速回到更为安全的汴京，且不敢将金国的檄文上呈徽宗。除了给童贯下战书，金国还派两位使臣前往开封宣战，但大臣们都不敢将使者引见给皇帝，皇帝知道使臣来到，也不敢会面，一味推给大臣接待。

从上到下，掩耳盗铃至此，实令人叹为观止——仿佛只要闭上眼睛、捂住耳朵，不看不听不知道，金国就不会攻宋。君臣互瞒之下，金国已出兵半月，跨过雁门关，打到太原城下，北宋汴京的君臣们，竟还浑然不知金军已穿门入户！

直到金军离开封已不足十日路程，几位宰辅才终于把童贯收到的檄文呈给徽宗。徽宗读罢，只是哭泣，别无他语——眼瞅人家就要打到家门口了，啥准备都没有，那可不得哭嘛！

哭完，当日徽宗便决定撒手撂挑子，禅位给二十五岁的太子赵桓。

赵桓毫无心理准备，直吓得号啕大哭。

皇帝的位子也并非时时吃香，至少现在，分明是烫手山芋。

为逼迫赵桓即位，徽宗戏码做足，卧倒病榻，佯装中风，口不能言，右手不能书，以左手写就禅位诏书（不愧是天才艺术家，还有左手写字之神技），又令内侍们架起太子前往福宁殿即位。

赵桓也不傻，当然不愿接这风雨飘摇的烂摊子，一路拼死挣扎，哭至昏厥。内侍们则掐人中、请太医，待其苏醒，继续强拖，拖至福宁殿前，宰相高官们群拥而上，强拉入殿，在一片混乱中，赵桓最终被迫完成了即位仪式。

彼时，一轮冬日残阳正萧索地坠在宫殿的飞檐翘角处，一如北宋王朝即将面临的命运。

这极具戏剧性、历史性的时刻发生在1125年12月23日，史有详载，画面感极强，附录如下：

皇太子至榻前恸哭不受命，童贯及李邦彦（时任宰相）以御衣衣太子，举体自扑不敢受，上皇又左书曰："汝不受，则不孝矣。"

太子曰："臣若受之，是不孝矣。"

上皇又书令召皇后。皇后至，谕太子曰："官家老矣，吾夫妇欲以身讬汝也。"太子犹力辞，上皇乃命内侍扶拥就福宁殿即位……太子固不肯行，内侍扶拥甚力，太子与力争，几至气绝。既苏，又前拥至福宁殿西庑下，宰执迎贺，遂拥至福宁殿，太子犹未肯即位。时召百官班垂拱殿，已集，日薄晚，时众议不候。上即位。

——宋·杨仲良《皇宋通鉴长编纪事本末》卷一百四十六

1126年正月初一，被迫即位的钦宗改元靖康，取"日靖四方，永康兆民"之意。

可惜，这八个吉利的大字，也并不能拯救大宋于水火之中。同一天，东路金军抵达黄河北岸的浚州（今河南浚县东），离都城开封已不足两百公里，而黄河两岸的近四万宋军，竟已全数逃之夭夭，未留一兵一卒把守！金军得以花五天时间，从容悠哉地分批渡送人马过河，其首领斡离不扬扬自喜道：

> 南朝可谓无人矣，若有一二千人守河，吾辈岂能渡哉！
>
> ——李德辉《晋唐两宋行记辑校》

正月初三，徽宗携皇后妃子、大部分子女、百余名侍卫深夜出京，仓皇南逃。他们一路乘货船、坐骡车、住农家、宿古寺，直渡江到镇江方歇。彼时，徽宗身康体健，能跑会跳，全不见中风症状。

正月初七，东路金军兵临开封城下——燕北鼙鼓动地来，踏破清明上河图！

东京留守李纲力主抗战，决定坚壁清野，拖住金军，等待各地勤王之师。交战的前两日，李纲也的确组织军民以神臂弓、火枪甚至石块等将金军节节击退。

但慌乱且懦弱的钦宗却对抵御金军毫无信心，决意求和，派使者携一万两黄金和酒果，出城示好。恰巧斡离不也有意谈判，他孤军深入，对能否攻克开封又全无把握，便借坡下驴，提出和议条件如下：

宋方支付金军犒军费金五百万两、银五千万两（相当于之前进贡岁币的一百八十倍），绢、帛各一百万匹，牛、马、骡各一万头，骆驼一千头；

1. 割让河北、山西的太原、中山、河间三镇；

2. 提供亲王和宰执官员各一位作抵押，亲王待金军渡黄河后放还；宰执等三镇交割完毕遣回。

3.金人勒索的金银数目，是北宋举全国之力也凑不够的天价，更遑论一个汴京城。而太原、中山、河间三镇乃中原地区门户，割而去之，河北、山西便无计可守。一旦河北、山西丧失，中原即不复存在，等于间接灭国。

可惜，以上条件除李纲据理力争、激烈反对外，钦宗和其他宰辅只想摆脱眼前危局，不惜一切代价让金人撤退——至于以后，管他洪水滔天，再说吧！

当时，留在京城的皇子仅有肃王赵枢及康王赵构。此前赵构曾觐见钦宗，谏言道：

> 京师甲士虽不少，然皆游惰羸弱，未尝简练。敌人若来，不败即溃耳。陛下宜少避其锋，以保万全。

> ——宋·李心传《建炎以来系年要录》卷四十一

钦宗初登帝位，就面对如此复杂棘手之局势，未尝不想一逃了之，但被李纲痛陈利害，予以劝阻。而赵构的这番话，虽未能被钦宗采纳，却成为他自己日后保命的不二法门——只要金人来袭，其第一反应向来是避敌之锋，保己万全！

金人提出以亲王和宰执为押后，因赵枢乃钦宗同母胞弟，故钦宗命异母之弟赵构至金营为质。至于金人索要之金银，到正月底，上至皇宫，下到民间，共搜刮得金约五十万两、银约一千四百万两、绢帛四十余万匹，悉数送至金营。过程中，朝廷绞尽脑汁，使出了诸多手段：持金银而隐瞒不交者，抄家处理；鼓励民众相互告发，告发者可得奖励；极力向民众渲染金银凑不够的可怕后果——金人必然攻城，杀光男人，抢走女人，烧毁房舍，全城毁于一旦。

保疆卫土不行，盘剥起百姓来倒是计策百出，但凡之前把恁般心机之一二用于治国练兵，又何至有今日之辱！

因搜罗之钱财离金人索要数目相差过远，最后北宋连深宫里的珠玉、犀角、象牙也不得不搬出来折价抵充；钦宗还送各种美食、珍禽甚至歌舞伎过去取悦金人。

与之同时，从各地赶到京城的勤王军，其实已足足有二十多万！加之黄河北岸的重要城镇，多数还在宋军手中，他们也极可能会截击金军归路，如宋廷有坚决的抵抗之心，指挥得当，是足以击败人数不到六万，且孤军深入的金军的。

可惜，仅因其中一位勤王军首领姚平仲想要抢立头功，夜袭金营失利，金使前来问罪，宋钦宗便又吓破了胆，停止一切军事行动，继续全力讲和，在汴京城已搜刮一空的基础上，又递上了三镇交割的诏书和地图。

夜袭金营失利，对整个大宋而言，当然是件十足之坏事，但却阴错阳差地保全了赵构——

身在金营的他因此事被怀疑是位假亲王，如为真，宋方怎会不顾其死活来袭？金人要求换其他亲王为质，钦宗只得以同母胞弟赵枢换回赵构。重获自由的赵构，就此有了他日为帝的可能性，而赵枢则在金人撤军时被挟往北方，成为第一位被俘的赵氏宗亲，二十七岁便病死在天寒地冻的五国城（今黑龙江省依兰县）。

金银、人质、割让三镇之诏书——至此，金人的所有要求均被满足，随着宋朝的勤王兵马越来越多，他们担心被切断后路，便于靖康元年（1126）二月拔寨撤军，转而去支援进攻受阻的西路军。

开封解围后，缓过神来的宋钦宗开始意识到，为让金人撤退，自己答应了多么离谱的条件！后悔之余，便抱着侥幸心理，收回三镇交割的诏令，并组织对太原的解围战。

当时，太原府已被西路金军围困五个月，当地官民一直殊死抵抗。城内全民皆兵，十五岁以上、六十岁以下的男性均参与守城，为构筑工事，民众甚至不惜把自家房舍拆掉——生死存亡之际，历来有贪生怕死者，但也从不乏保家卫国、殉身大义者。

而彼时的岳飞，正戍守在与太原毗邻的平定军中，其个人波澜壮阔的抗金斗争史，就此揭开序幕。

靖康元年六月，为救援太原府，岳飞领上级指令，率百余名骑兵，到敌营附近进行武装侦察，要求在进攻前，摸清太原附近寿阳、榆次两县之敌情。行军路上，在往榆次县途中，他们猝然与金军大股骑兵相遇，初次对阵金人铁骑，宋方兵士难掩怯战之状。见此情形，岳飞当机立断，大喝一声，单骑突入，迅速击杀几名金兵，其余侦察兵见状，也打马而上。

狭路相逢勇者胜。

金军见岳飞神勇无比，阵脚大乱，夜黑风高又难知宋方虚实，就此败退。

夜间，岳飞换上金兵装束，成功潜入敌营，遇到巡夜金军盘问，就以出征燕北时学到的女真话巧加应对，最终走营绕寨，将当地驻扎的敌军实力、军事部署全部摸透，圆满完成侦察任务，宋军接连克服寿阳、榆次两县。

事后，岳飞因此功由偏校升为进义副尉，成为一个低级武官。

虽岳飞为救援太原提供了重要情报，但仍难挽大厦之将倾，靖康元年九月，壮烈的太原守卫战坚持了两百五十余日，城内几十万军民力尽粮竭，全数殉难。

太原陷落后，岳飞所在的平定军城亦被攻破。部队溃散中，岳飞于夜间渡河，不慎将个人告身（类似军籍证明）丢失，不得已，又奔回千里之外的家乡相州。

靖康耻，犹未雪，臣子恨，何时灭。

——岳飞《满江红》

靖康之难北宋亡

太原失守半个月内，竟没人敢告知宋钦宗。

大臣们再次进入掩耳盗铃、自欺欺人的状态，不看不听不知道。而金人的东西两路军马，则趁这段时间快速进军。

靖康元年十一月，两路大军合围开封。

此时，第一次金军围城时破敌有方的李纲，已被主和派排挤出京（正走在从湖南贬往重庆的路上），之前的勤王军队也均已回返驻地，城内的守军很快抵挡不住。

危急时刻，宋钦宗君臣转而将保卫开封的希望，交给一支神秘部队——一个叫作郭京的道教徒和他的七千多"六甲奇兵"。郭京自称会法术，擅"六甲兵法"，能掷豆成军，撒草为马，且可隐形，作起法来可生擒两位金军元帅，能在三天内将敌人打跑，直追到阴山脚下。

如此明显的坑蒙拐骗之言，却被深受道教文化影响、此时又已慌得六神无主的北宋君臣视为御敌良策。

结果，花里胡哨的六甲奇兵刚出城，瞬时就被金人铁骑冲散，战斗尚未开始就结束了。金军很快攻入外城，烧杀抢掠，溃散的宋兵也趁乱到处劫财，汴京城火光四起，百姓呼号奔逃、哭声震霄。很多父子、夫妻因无法相互保护，相约自尽，河道里堆积着大量尸体。还有王公贵戚为保性命，换上布衫，以泥涂面，扮成乞丐模样，一如唐代安史之乱长安城破后，杜甫在《哀王孙》中所写：

金鞭断折九马死，骨肉不得同驰驱。
腰下宝玦青珊瑚，可怜王孙泣路隅。
问之不肯道姓名，但道困苦乞为奴。
已经百日窜荆棘，身上无有完肌肤。

历史，总是如此惊人地相似。

眼见和平了近一百七十年、致臻繁华的汴京城已沦为人间地狱，宋钦宗又开始慌忙求和，还要求文武官员率百姓到金营犒军，谢他们不杀之恩。百姓为保命，纷纷捐钱捐物，往金营运送物资的人群络绎不绝。

但卑屈求饶换不来和平。

靖康元年闰十一月三十日，金人以割地谈和为由逼迫宋钦宗前往金营，至后却绝口不提和议，转而要求写投降书（降表），钦宗顿感上当受骗。

可已身在金营，人为刀俎，我为鱼肉，如之奈何？

在金人的百般挑剔下，钦宗与随从大臣含垢忍辱、战战兢兢写了数版四六对偶、文采飞扬的降表，才终获金人通过。在两天后的招降仪式中，钦宗向北而拜，以示臣服于金，随从臣子无不唏嘘泣涕。彼时，恰逢雪天，纷扬而下的雪花如同上天抛撒的纸钱，给气数已尽的北宋王朝，覆上厚厚一层白帛。

当天，在金营羁留三日的钦宗得返宫阙。

市民欢呼沸腾，奔走相告，以为谈判已定，和平即将到来。可第二日，百姓们的幻想便被击得粉碎——金人送来索赔文书，钦宗答应的赔偿金额为绢帛一千万匹、金一千万锭、银两千万锭。这是个难以想象的天文数字，折合为两，则合计金一亿两，银十亿两，是年初金军第一次围城时索要金额的二十倍！

即便第一次的数额，北宋最终也无法凑齐。这一次，当然更是不可能完成之任务。

到十二月底，金人确定北宋不可能缴足金银后，将赔偿数额降低为金一百万锭、银五百万锭，分别是最初要求的十分之一和四分之一，但仍是第一次围城时金银赔偿额的两倍和五倍。

到靖康二年（1127）正月初十，金人要求钦宗再往金营，为金朝皇帝加徽号。钦宗如约而去，从此便身陷囹圄，一去不复返。

金人以扣押钦宗的方式向北宋施压，逼迫城内快速筹款。缴纳不够的差额，要求以宋朝女子顶替，且明码标价：帝妃每人可抵五千锭黄金、王妃、公主每人一千锭金、皇室宗女抵五百锭金、皇室族女抵二百锭金，宫女抵银五百锭，歌女抵银二百锭，贵戚之女抵银一百锭。

懦弱无能的宋朝答应了这无耻至极的条件，最终赔偿款的一半以上由一万一千多名女子充抵。从公主、嫔妃、贵戚之女到歌舞伎，连那些从前已遣散出宫、结婚嫁人的宫女也被抓回，送入金营。金人从中挑选出三千人作为贡女，以待北归后，献给金国皇帝金太宗。余下女子，金军将士可据级别挑选相应数量，例如粘罕和斡离不两位统帅各得一百姿色绝伦者为侍女。

其中一队女子被送往金营前，途经南薰门。当时，那儿正聚集了大量等候钦宗归来的官员，女子们高声斥骂道：

尔等任朝廷大臣官吏，作坏国家至此，今日却令我辈塞金人意，尔等果何面目！

——宋·丁特起《靖康纪闻》

百官们羞愧难当，别过头去，不敢看这些女子一眼。

被送入金营的宋朝女子们，大多遭遇悲惨。据史料记载，有三名宫女因反抗金军统帅斡离不，被用铁杆穿起，竖立营前，呻吟三日方死；金人还强迫女子们在宴会上侍酒，有三位不从者，被粘罕下令斩杀。后续，数位王妃不堪凌辱，自尽而亡；半月之内，徽宗有三名豆蔻年华的女儿在金营香消玉殒。即便多数女子为保性命，不得不忍耻顺从金人，但后期俘虏的死亡率依然极高，"各寨妇女死亡相继"。

悲哀的是，在付出如此屈辱惨重的代价后，北宋却仍难免覆国之灾。

靖康二年二月初六，金人扒掉钦宗龙袍，宣读了金国皇帝决定废黜其帝位的诏书，又下令限太上皇宋徽宗和皇室宗族成员于七日内出城，大臣们也须在同时段内推举出傀儡皇帝，否则金军便"纵兵四面入来杀人"。

很快，徽宗和钦宗的嫔妃、子女、诸王、驸马等皇室宗亲共计三千余人出城，徽宗、钦宗父子相见，抱头痛哭。大臣们则都不愿做出头鸟，背负不忠前朝之名，于是共同推举出使金营、尚未归来的宰相张邦昌为金人的傀儡皇帝（此处同情张邦昌一下，被同僚们坑得好惨）。

靖康二年三月底，金人对汴京城掘地三尺、搜刮到极致后，拔寨北归。

被裹挟北上的宋朝俘虏有近一万五千人，含皇室宗族、文武大臣、工匠、医师、教坊人员等。彼时，《东京梦华录》中"青楼画阁，绣户珠帘，雕车竞驻于天街，宝马争驰于御路。金翠耀目，罗琦飘香"的开封城，已化为一片废墟，百姓饿死者日以万计，连一只老鼠都卖到几十文钱，甚至人相食的惨剧也时有所见。

北行前，徽宗终于拿出一个父亲应有的担当，希望能由自己替子女代过，恳求金人放过钦宗和其他子女及王妃、驸马等，安置他们到偏远小郡生活，斡离不推说金国皇帝不同意。徽宗又向另一位元帅粘罕求情，并降低要求，希望只把未嫁人的公主们留在宋朝，依然没有成功。

北行途中，条件艰苦。俘虏们五百人一组，由金兵押解，如驱牛羊。徽宗和钦宗的条件稍好，可骑马或坐牛车，其他宗室只能步行，便遇大雨滂沱，亦须泥泞前行。彼时，正值农历四月，北方还很冷，徽宗因衣服单薄，晚上经常冻得睡不着觉，只得找些柴火、茅草燃烧取暖。途中的某个夜晚，他听着萧萧西风扑打着简陋的破门，对着昏黄的灯火，想起三千里外的家国，禁不住在墙壁上赋诗一首：

在北题壁

彻夜西风撼破扉，萧条孤馆一灯微。

家山回首三千里，目断天南无雁飞。

钦宗和他十岁的儿子赵谌，处境更差，不仅忍寒受冻，晚上睡觉时还会被捆住手脚，以防逃走。一路上，俘虏的食物亦极为匮乏，徽宗甚至需摘桑葚充饥，徽宗之弟燕王赵俣更因饥饿而死。京师人不擅跋涉，跟不上队伍的俘虏动辄被毒打或敲杀，沿途横尸无数，儿童多数被丢弃荒野，女性则一路饱受金人骚扰侮辱。

从前养尊处优的帝王贵胄、金枝玉叶，一路历尽苦楚，犹入十八层地狱。

彼时，徽宗共有26个儿子在世，除康王赵构外，其余25人均被掳掠北行。六岁以下皇子全数命丧途中，很多成年皇子也未坚持到北方，活着抵达五国城的皇子仅16个。公主们则要么受辱丧生于开封城外的军营中，要么抵达北方后，成为宫中奴仆，侍奉金太宗。至于徽宗的孙子、孙女们，则因年幼存活率更低。

到达燕云地区时，京师被俘的一万多人中，女性只剩十分之七，男性仅存十分之四。

途中，金人还不断大肆掳掠汉人，"华人男女，驱而北者，无虑十余万"。他们最后多数沦为奴隶，被转卖到西夏、蒙古、高丽等地，十个奴隶在西夏只能换一匹马。

徽宗一行抵达金国都城上京后，金人为炫耀胜利，在金朝阿骨打庙举行献俘礼，又叫"牵羊礼"（牵羊表示顺从），命所有宋俘袒露上体，身披羊裘，男女老少无一例外。仪式结束后，依然半身袒露的妇女就被分赐给金人，或为妾、或为奴。钦宗的朱皇后不堪如此奇耻大辱，当夜自缢，未死，又投水而亡。

除此外，金人还给徽宗、钦宗加封侮辱性称号，徽宗为昏德公，钦宗为重昏侯。而极具讽刺意味的是，这一招，金人还是跟徽宗的老祖宗学的——赵匡胤当年灭掉南唐后，曾封李煜为违命侯。

历史，再一次惊人地相似。

至此，赵氏合族被掳（除康王赵构），加之金人扶植张邦昌为帝，建立"大楚"伪政权，北宋王朝宣告覆灭，史称"靖康之难"。

陆

康王赵构建南宋

夜来梦皇帝脱所御袍赐吾，吾解旧衣，而服所赐，此何祥也？

——熊克《中兴小纪》卷一

在靖康之难中，二十一岁的康王赵构之所以能幸免被掳，是因为第二次金人攻入汴京时，其人恰好未在京城。

个中详情，须从靖康元年十一月说起。

彼时，金国发动第二次攻宋，两路大军已渡过黄河、逼近开封。未做任何迎战准备的钦宗忙派康王赵构出使东路斡离不军，许诺割让三镇、给金国皇帝上尊号，希冀以此求和，劝退金兵。

康王起初颇畏出使，"未至金军而还"，后在钦宗严命之下，不得已再行上路。可由于金军绕路而行，赵构与斡离不军失之交臂，等他到达岳飞的老家相州，方知自己已身处敌军后方。接下来，赵构既未追赶金军、践行谈和使命，也未返回开封、与父兄分忧解难，而是逆行北上，来到了相对安全的磁州（今河北磁县）。

磁州知州宗泽是位主战派，他规劝赵构与金和谈无益，不若大家一起召集军马，伺机救援开封。恐金入骨的赵构闻听此言，惊吓不小，恰好相州知州汪伯彦认为赵构奇货可居，是个不错的政治投机对象，便派手下武将刘浩率两千兵马来磁州接应他。赵构便瞒着宗泽，脚底抹油，连夜潜往相州。

不久后，开封被围，宋钦宗乃命敢战士到相州传蜡书（封在蜡丸中的密信）与赵构，任命其为河北兵马大元帅，汪伯彦与宗泽为副元帅，令三人速集兵马，驰援京师。

靖康元年十二月一日，赵构在相州开设大元帅府，很快"有兵万人"。心急如焚的宋钦宗再派特使，传亲笔蜡书如下：

> 京城围闭日久，康王真朕心腹手足之托，已除兵马大元帅，更无疑惑，可星夜前来入援。
>
> ——宋·宗泽《宗忠简公文集》卷七《遗事》

可惜，被钦宗视为救命稻草的赵构却唯求自保。对他来说，第一要务不是救父母兄弟于水火，而是确保自身之安全。接到钦宗的求救信后，他命武将刘浩为先锋，率领人马南下睿州（今河北滑县）和滑州（今河南滑县），扬言要解开封之围，以此迷惑金人；自己却和心腹汪伯彦等人逃亡更安全的北京大名府（今河北省邯郸市大名县）。

而我们本书的主人公岳飞，当时正在武将刘浩的先锋部队中。

之前已述，平定军城被攻破后，岳飞因丢失个人告身，无奈返乡。在归乡途中，他历尽流离之苦，极目所见，处处皆遭金军洗劫，山河破碎，人民涂炭——几千里不闻鸡犬之声，大路上野草纵横，道旁白骨交叠，井中积满尸身，坟墓被挖掘偷盗，曾经和乐喧闹、人烟稠密的村落如今房倒屋倾、无复炊烟：

> 几千里无复鸡犬，井皆积尸，莫可饮；佛寺俱空，塑像尽破胸背以取心腹中物；殡无完柩，大逵（道路）已蔽于蓬蒿；菽粟梨枣、亦无人采刈。
>
> ——宋·庄绰《鸡肋编》卷上

> 井里萧然，无复烟爨，尸骸之属，不可胜数。
>
> ——金·佚名《大金吊伐录校补》

> "男女无分，白骨交横"、"有千里而离乡者，有一门而尽殁者，尸盈郊邑，血满道途。"
>
> ——清·张金吾《金文最》卷六十五

> 有千里而离乡者，有一门而尽殁者，尸盈郊邑，血满道途。
>
> ——清·张金吾《金文最》卷六十五

一路上种种惨不忍睹的景象，让岳飞悲愤填膺，怒不可遏！誓要再次从军杀敌，报此国仇家恨！

回到家乡相州后，恰逢康王赵构在相州设元帅府，其旗下的武翼大夫刘浩正在以援师东京为由招募勤王军。岳飞知悉后，禁不住热血奔涌，意欲再次从军报国。可家有老母妻儿，兵荒马乱之际，又怎能弃他们于不顾？

自古忠孝难两全，岳飞心中好不为难。

好在其母深明大义，知道儿子素怀壮志，极力勉励岳飞奔赴前线，从戎报国。清人钱彩的小说《说岳全传》中，曾演绎岳母在岳飞之背亲刺"精忠报国"四大字的精彩情节，《宋史·岳飞传》中也载岳飞后来蒙冤受审时，曾裂裳露背，"有'尽忠报国'四大字，深入肤理"。

不论岳飞背刺之字是"精忠报国"或"尽忠报国"，亦不论是否为岳母亲刺，我们所能确信的是，从此，这份报国救民之心不仅刻在了岳飞背上，更镌入其心，成为他一生出处行止的最高准则。岳飞安排妻子刘氏留守故乡，照顾老母幼子（其时已有子岳云、岳雷），自己则毅然决然，再次投身军伍，应征元帅府。

这是岳飞第三次入伍。

从此，他南征北战，驰骋疆场，以其不世出的军事才华迅速从一个籍籍无名的普通兵士成长为南宋抗金斗争的中流砥柱，驱除鞑虏，保家卫国，扶大厦于将倾，拯万民于水火，历千年而光辉不减。

诚可谓时势造英雄是也！

岳飞重归部伍后，刘浩了解到他初次从军时有相州破匪之功，便派他率百余名骑兵去收编当地一支首领名为吉倩的游寇，壮大抗金力量。

岳飞领命后，一路大张旗鼓，到处散播自己行将剿匪，并声称自己拥兵有两千之众。接近吉倩营寨后，他却命部下原地留守，自己仅带四名骑兵，策马驰突，奔进吉倩营寨。

众游寇怎么也没想到，岳飞竟敢单骑入虎穴，一时惊为天人。还没等他们反应过来，岳飞便横刀立马，慷慨激昂地对众人责以家国大义：

"金人侵我大宋，毁我家园，掳我百姓。值此国势艰危之际，你们不思为国征战，反而抢掠苟活，是何道理？今我以朝廷之命，招纳你们，共同抗金，保家卫国。此方为尔等安身立命之正道也！"

众游寇将信将疑之间，忽有一壮汉持枪猛然向岳飞袭来。岳飞早有防备，机敏避过，并借势以手重劈其面颊，将壮汉击翻在地，而后飞身下马，以迅雷不及掩耳之势拔出佩剑，直抵对方咽喉。吉倩等见岳飞身手如此了得，且被其方才之语感召，再者又疑岳飞于寨外有二千伏兵，旋即罗列而拜，表示愿意归顺。

岳飞不费一兵一卒，顺利招安吉倩所部三百八十人，又像初次从军一样，因功升为从九品的承信郎。

当时，身在相州的赵构为确认逃往何处更安全，打着援师东京的幌子，四处派兵，侦测敌情。其间，岳飞又曾领刘浩之命率三百骑兵，前往北京大名府探察敌情，中途与金军发生遭遇战，结果以少胜多且斩敌方枭将一名，因此功连迁三官，升正九品成忠郎。

之后，赵构命武将刘浩为先锋，率领人马南下，以此迷惑金军，自己则和心腹汪伯彦等人逃亡北方。

随刘浩南下途中，岳飞又率一百名骑兵至河南滑州侦察。

归途中，他们在黄河冰面上与金军发生遭遇战。当时敌众我寡，形势危急，岳飞鼓舞士兵道："敌人虽众，然不知我方虚实。趁其立脚未定，我们迅速出击，定能取胜！"言讫，其身先士卒，策马举刀，直奔金军将领而去。金将见惯了战斗力孱弱的宋军，不以为意，挥舞大刀，高声呼喝，轻蔑迎战，二人双刀相接，岳飞的刀竟劈入敌刃一寸多深！趁对方惊魂未定，岳飞又猛然抽刀再战，将金将一举击杀。部众们乘胜追击，金军大败。

岳飞因此功再次连迁三官，升为从八品的秉义郎。

两次战功，让岳飞在元帅府中赢得"敢死"之勇名，他怀着满腔的热忱，希冀能尽快南下，解救开封。

可惜，待刘浩率军到达睿州，大河已解冻，前锋部将率五百人乘船抵达南岸后，瞬时就被人多势众、虎视眈眈的金军冲散。为免全军覆灭，刘浩只得带领剩余人马折返北上，追赶大元帅赵构，再做计议。

康王抵达北京大名府后，河北的军队都向此地集中，一心抗金的副元帅宗泽首先从磁州赶来。当时康王又接到钦宗的御笔蜡书，大意是：金人已同意议和，康王可带兵至京城附近，听命而动。

对此，宗泽一针见血地指出，议和乃为金人骗局，康王应率兵火速向开封进援，否则国破家亡，悔之晚矣！可贪生怕死的汪伯彦一伙却咬定议和可信，不便轻举妄动。

最后，和汪伯彦同属一丘之貉的康王，决定兵分两路：命宗泽率部分人马南征（你不是逞英雄嘛，放你去），他和汪伯彦则继续东逃保身（本大元帅的命何其金贵）。

康王仅分给宗泽一万兵力，还令宗泽对外扬言大元帅在南征军中，以此吸引金人兵锋，掩护自己潜逃至山东一带。康王与汪伯彦到济州（今山东济宁）后就驻扎不进，直到北宋覆灭，赵氏合族被掳，他们也未进援东京一步。

此时的赵构，内心已阴怀坐等北宋覆亡、自己黄袍加身的打算，据《中兴小纪》所载，他在此期间曾对僚属们说：

夜来梦皇帝脱所御袍赐吾，吾解旧衣，而服所赐，此何祥也？

——宋·熊克《中兴小纪》卷一

社稷危亡之际，其日思夜想的不是什么破敌救国之策，反梦到钦宗把御袍脱下赐他，并视此为吉兆来试探幕僚们有无拥戴之意。可见此时的赵构，哪里还在乎什么大宋存亡，不过是对局势冷眼旁观、以待渔利而已。

岳飞隶属的刘浩所部，被划归宗泽，随其南下。

靖康元年十二月，宗泽率军抵达开德府（今河南濮阳市），与金军交锋十三次，每战皆捷。岳飞也在这些战斗中，不断杀敌立功，再展其卓越的军事才能。

例如，某次战斗中，双方刚开始交战，岳飞便连发两箭，射死金军中两个指挥阵形的旗手。敌阵登时骚乱，岳飞趁机率兵突击，缴获弓马刀、甲等大量军械。因此功，他又连升两官，为正八品武修郎。

此后，在曹州（今山东菏泽市南）遭遇战中，金军人数众多，气焰嚣张。岳飞为鼓舞士气，卸掉头盔，冒着密集的箭矢，挥舞着四刃铁锏，直贯敌阵。其余士兵见此，无不以一当百，勇往直前。最终以白刃近战，大败金军，并追奔数十里。战后，岳飞又升两官，为从七品武翼郎。

可以说，岳飞乃天生的战士，勇不可当，又兼具谋略，三次投身部伍，其总能在极短时间内立功升迁，崭露头角。而当其晋身武官，在战场上拥有一定指挥权时，他又是个不折不扣的天才将领——无论何时何地，只要两兵相接，他总能以最快速度判断出战场形势，拿出最佳的破敌方案。

这种随机应变的能力，最能反映一个将领的水平。

然而，纵使岳飞勇冠全军，在不及一年的时间内如此飞速成长和升迁，于当时的抗金形势而言，仍属微水波澜，乾坤难逆。宗泽所部勤王军孤军奋战四个多月后，终因势单力薄，无法解开东京之围。

靖康二年四月，金军俘虏徽、钦二帝北撤，北宋覆灭。

被金人掳走的皇室宗亲中，含赵构生母韦贤妃及他的三位妃嫔和五个年幼的女儿（其中三个女儿亡于北行途中），到达金国后，她们都被投入上京洗衣院，沦为金国贵族肆意凌辱的对象。

未知赵构在东躲西藏之际，心中可曾念及她们！

金人北撤后，其所扶植的"大楚"伪政权不得人心，本就无意做傀儡皇帝的张邦昌迎哲宗废后孟氏入宫（因是废后而免于被掳），尊为元祐皇后，垂帘听政，自己则退位并派人将代表皇权的玉玺献往济州，拥戴康王为帝。

1127 年五月初一，二十一岁的康王赵构在南京应天府（今河南商丘）称帝，改元建炎，南宋政权就此登上历史舞台。

岳飞也跟随副元帅宗泽的部队，来到了新皇帝、新政权所在的应天府。

此时的岳飞，何曾料到，这位年轻的新帝王，竟会成为自己一生抗金事业的最大阻力。之后的十五年间，他不仅要正面与敌人的千军万马厮杀，还须侧身与投降派的百般掣肘相周旋。

前者岳飞自信力能胜任，后者却令其深感疲于应对——明枪易躲，暗箭难防！

未来等待他的，注定是一条无上光荣，也无比艰难的道路。

公殆非行伍中人也！

——岳珂《金佗稡编》续编卷二十四

四次从军遇伯乐

赵构登基后，大宋臣民深感江山社稷有了再兴之机，纷纷期盼新皇帝锐意进取，洗雪国耻。

在北行途中饱受屈辱和苦难的徽宗，也对赵构寄予厚望，想方设法遣人带信求救。他拆开一件衣领，在其中写上"可便即真，来救父母"八字，签上自己画押后，复缝如故。康王生母韦氏也加了张短笺，康王之妻邢秉懿则提供了一只往昔康王府特制的金耳环。徽宗将这三样信物，交给臣下曹勋，安排他伺机从北行队伍中出逃送信，并嘱托其传达如下哀戚之句：

见上，深致我思念泪下之痛，父子未期相见，惟早清中原，速救父母！

——宋·曹勋《北狩见闻录》

在希望获救的同时，徽宗还补充说，收复中原和保存祖庙比救他更重要。

然而，高宗登上宝座后，却首先任命主和的汪伯彦为同知枢密院事、黄潜善为中书侍郎，却将抗金有功、金人畏惧的宗泽排斥在朝廷中枢之外，任其为"襄阳知府"。

曹勋携徽宗之托，顺利出逃，来到应天府，将徽宗御衣呈给赵构，并建议招募一支敢死队通过海路营救徽宗，却被赵构拒绝。可怜当时北行至燕京的徽宗，得知赵构登基，还"喜动龙颜"，召集妃嫔们群相庆贺。

后来，赵构迫于民意，将第一次金人围攻开封时守城有功的李纲任为宰相，但与之同时，他又提拔黄潜善为右相，以此制衡李纲。李纲上位后，坚决主张抗金，收复故疆，迎还"二圣"（徽宗、钦宗）。汪伯彦、黄潜善之流却反对抗战，主张遣使求和，"用靖康誓书，画河为界"。

对此，李纲一针见血地指出"能守而后可战，能战而后可和""不务战守之计，惟信讲和之说，则国势益卑，制命于敌，无以自立矣"，建议赵构回銮开封，以稳定人心。但主和派们对此嗤之以鼻，不仅无抗战之意，还极力鼓动高宗迁都东南，以避敌锋，因为过往还从未有少数民族打到过长江以南。

投降派的种种主张，正中赵构下怀。

他下手诏说："京师未可往，当巡幸东南，为避敌之计。"甚至不惜将黄河以北领土全数划拨金人，以求谈和，屈辱苟安。当年十月，赵构将临时行在（即临时首都）由应天府迁往扬州，一来扬州繁华、便于享乐，二来其地濒临长江，一旦有警，可随时渡江南逃。

后世清高宗乾隆认为，靖康之难虽由徽、钦二帝昏聩无能而致，但中原之失，宋高宗亦难辞其咎：

夫北宋之亡，河北之失，宋祚之不复振，中原之不恢复，人皆曰由徽钦而致，然高宗实难逭其责焉。当徽钦北去，社稷为墟，高宗入援，顺人心而即大位，非不正且大也。及即位之后，当卧薪尝胆，思报父兄之雠，而信用汪、黄，贬黜李纲，不复以河北、中原为念，岂非高宗庸懦、用人不察之过哉？

——清·乾隆《御制武穆论》

当是时，金人虽两度深入中原、围攻开封，但实际上也只占领了河北、河东两路的十多个府、州、军，其他州县都固守待援，并未沦陷；如山东、河南全部，山西、河北南部及陕西南部都仍在宋朝控制下。只要新朝廷锐意中兴，振臂一呼，仍可兵士云集、天下响应。《宋史·高宗本纪》中论曰：

当其初立，因四方勤王之师，内相李纲，外任宗泽，天下之事宜无不可为者。

——元·脱脱《宋史》卷三十二

可在如此仍大有可为的形势下，赵构却为一己之安，欲与金人划河而治，将大片疆土和无数百姓拱手让敌，"褫（chǐ）天下忠义之气而自绝其民"。

是可忍，孰不可忍！

老臣宗泽对赵构种种倒行逆施之举，愤慨难当，直斥其"弃河东、河西、河北、京东、京西、淮南、陕右七路千百万生灵，如粪壤草芥，略不顾恤"！

不仅宗泽忍无可忍，当高宗要南迁扬州避敌的消息发布后，二十四岁的七品低级武官岳飞也再难抑制为国去忧的豪情壮志，挥笔写就一笔洋洋洒洒的《南京上皇帝书》，开篇就表明坚定的抗金立场，指出应趁金人骄纵轻敌之际，主动出击：

陛下已登大宝，黎元有归，社稷有主，已足以伐虏人之谋。而勤王御营之师日集，兵势渐盛。彼方谓吾素弱，未必能敌，正宜乘其怠而击之。

一句"彼方谓吾素弱，未必能敌"正是《孙子兵法》中"攻其无备，出其不意"之术，再现岳飞天才将领的卓绝见识。对新皇帝的南逃之谋，岳飞则直言相斥，语出犀利：

有苟安之渐，无远大之略，恐不足以系中原之望。虽使将帅之臣戮力于外，终无成功。

意思是如一国之君只图苟安，无收复河山之志，那么将士们再努力，又有何用呢？

此时的岳飞哪曾想到，这句规劝之语竟一针见血地道出了自己未来人生中最深切的痛苦与无奈，也无比准确地预言了自己抗金之旅的最终结局，可谓一语成谶也！

奏章的最后，岳飞建议赵构即刻回銮东京，御驾亲征，渡河北伐：

为今之计，莫若请车驾还京，罢三州巡幸之诏，乘二圣蒙尘未久，虏穴未固之际，亲帅六军，迤逦北渡，则天威所临，将帅一心，士卒作气，中原之地，指期可复。

众所周知，宋代重文抑武，在当时，武将被视为粗人，有些大将甚至目不识丁，全靠幕僚代笔；而岳飞出身农家，却能独自上疏言事，且文采斐然，可见其日常勤奋好读收效甚著。这在当时武将中不说绝无仅有，也称得上凤毛麟角。

此外，宋代武将无权参议政事，即使参与军政大计，也被视为越轨。而岳飞作为一个低级武官，人微言轻，却敢于突破流俗，上疏抨议时局、规谏帝王，又足见其非凡胆识与勇气。

位卑未敢忘忧国——以天下为己任者，处江湖之远则忧其君也。

可惜，这份洋溢着岳飞满腔爱国热忱的奏章，根本就不可能抵达赵构手中，半路被当权的黄潜善、汪伯彦之流拦截，便以"小臣越职，非所宜言，夺官归田里"几个大字挥笔革掉岳飞官职，削其军籍，逐出兵营！

岳飞的第三次从军，就这样因爱国谏言而告中断，"孤子一身，狼狈羁旅"，一时连生计都没了着落。

一心为国，却遭如此处置。对岳飞来说，这个打击是沉重的。

然而，投降派可以夺去他的官职，却浇不灭他报国救时的壮志。

离开南京兵营后，岳飞孤身渡河北上，直抵抗金前沿。路途中，他看到榜文，设在大名府的河北招抚司正在招募抗金健儿，便直奔而去，第四次从戎报国。

河北招抚司，乃李纲任相期间所设，主要负责团结黄河两岸的抗金力量，收复河北路一带的失地，以切断金人再度南侵之路，使朝廷无北顾之忧。当时河北路失守的城池仅有怀州（今河南沁阳市）、卫州（今河南新乡、鹤壁等地）、浚州和真定府，故招抚司积极募兵，筹划粮饷，准备克复以上四地。

招抚司的一位干办公事赵九龄，过往因军务关系与岳飞相熟。此番重逢后，他当即将岳飞以"天下奇才"引荐给招抚使张所。

张所召见岳飞后，有意考校于他，便问道：听说你过往打仗十分勇猛，你认为自己最多能抵挡多少敌兵？

闻汝从宗留守，勇冠军，自料能敌几何人？

——宋·岳珂《金佗稡编》续编卷二十三

岳飞听罢，从容回曰：打仗不能仅凭勇猛，指挥作战首先要有好的谋略。谋，才是胜负的关键。身为将领，勇在其次，最怕无谋。很多将领都喜欢夸口自己勇猛过人，可临阵前，却既无破敌之策在胸，开战后，又无临场应变之机，如此作战，怎么可能取胜呢？

勇不足恃也，用兵在先定谋。谋者，胜负之机也，故为将之道，不患其无勇，而患其无谋。今之用兵者皆曰："吾力足以冠三军"，然未战无一定之画，已战无可成之功。是以"上兵伐谋，次兵伐交"。

——宋·岳珂《金佗稡编》续编卷二十三

　　而后，岳飞又举《左传》里的故事为例道：春秋时期，晋国的栾枝用兵车拖曳树枝扬起尘土，伪装逃跑，以此击败楚国。楚国的屈瑕以诱敌深入之计战胜绞国，此所谓"上兵伐谋，次兵伐交"是也。

　　这番"将在谋而不在勇"的精辟见解与论证，令张所大为激赏，忍不住赞叹道：

　　公殆非行伍中人也！

——宋·岳珂《金佗稡编》续编卷二十四

　　意思是说：有如此见识，乃是大将之才，你定不会在普通部伍中屈居太久！

　　接下来，张所又请岳飞分析河北路的军事形势，岳飞旋即侃侃而论，高见迭出。

　　他说，如把京师比作人的心脏，那么河北等地就是四肢。收复河北，是为屏障京师，宋军如能占据北面要塞，罗列军队把守重镇，则一城被围，其他各城均可及时帮援。如放弃河北，则平川旷野，无险可守，不仅河南危在旦夕，连江淮也得失难卜。

　　此外，岳飞更卓有洞见地指出，当年徽宗花钱从金国手中买得燕云几座空城，却未收复险关要隘，以致金国能轻而易举南下伐宋，得虚名，受实祸，不可不引以为鉴也。

　　国家以为燕云真我有矣，则竭天下之财力以实之。不知要害之地，实彼所据，彼俟吾安养之后，一呼而入，复陷腥羶。故取燕云而不志诸关，是以虚名受实祸，以中国资夷狄也。

——宋·岳珂《鄂王行实编年》

这一番雄才大略、高屋建瓴的见识输出完毕后，张所认为岳飞实是奇才难得，立即破例将其从"白身"提拔为"准备将"，充任中军统领，很快又超升三官，任岳飞为统制。

当时，河北招抚司的抗金工作，开展极为困难。因投降派黄潜善和汪伯彦从中作梗，招抚司竟连存放在北京大名府的兵器盔甲也不能动用。这年九月，张所勉强凑齐七千装备不良的军队，命下属王彦为都统制，前往收复卫州等地。

岳飞隶属王彦，一并进发。

只是岳飞万没料到，此次出征，自己与伯乐张所竟成永诀。两人相识仅月余，任相七十五天的李纲便被高宗罢免，与李纲同处抗战阵营的张所（其招抚使之职亦是李纲举荐），理所当然也被投降派弹劾罢官，窜逐岭南。更令人惋叹的是，这位"有才气谋略"、又爱才识人的忠正之士，竟于流放途中不幸遭盗贼杀害。

好在，岳飞对张所的知遇之恩铭感终身，身居高位后，不仅上奏朝廷追复张所官职，还经多方打探找到张所之子，养育在侧，视如己出。宋朝对高官有恩荫福利（子孙封官），岳飞用且仅用过一次，即是帮张所之子荫补为官。

所谓知恩图报，也无过于此了。

而且，不论是对早年学箭的师傅周同，还是提拔其为将的贵人张所，岳飞的回报都在对方身殁之后，更显难能可贵。毕竟，多数情况下，人走茶凉才是世间常态，甚至人未走、茶已凉，亦不鲜见。

兵家之要，在于出奇，不可测识，始能取胜。
阵而后战，兵法之常，运用之妙，存乎一心。

——岳珂《鄂王行实编年》卷之一

背军出走隶宗泽

因张所被贬去职、河北招抚司被撤，西渡黄河抗金的王彦一军犹如断线纸鸢，既无上级指示，又无后援辅助，成为孤军一旅。无奈之下，王彦只得向附近州县张贴讨金檄文，号召当地民众响应，壮大抗金力量。

金人见此情势，立即集结兵力，计划围攻王彦一军。

王彦审时度势，认为此时应采取持重方案，保存实力，待大举招兵、补充给养后，再伺机对敌作战。可岳飞年轻气盛，一腔杀敌报国的热血又被压抑已久，此刻实在迫不及待想要驱除敌虏，为国雪耻！赵构登基后不思武备，岳飞都敢上疏抨议，面对疑似畏缩怯战的上级王彦，他自然更是无所畏惧、犀利质问：

二帝蒙尘，贼据河朔，臣子当开道以迎乘舆。今不速战，而更观望，岂真欲附贼耶！

——宋·岳珂《鄂王行实编年》卷之一

其实，岳飞此话倒是冤枉王彦了。

王彦出身名门大族，性格豪放，自幼喜兵法、善骑射，曾随老将种师道两赴西夏作战，立有战功。金军围攻开封时，他不仅慷慨投军，还将家财捐国，并非胆小怕事、唯求自保之人。此番因敌众我寡，其不得不暂时采取持重方略，实为明智之举。王彦也明白岳飞的冲撞之语乃出于激烈的爱国之心，于是并未发作，转而斟酒递与岳飞。

可惜性情刚烈、彼时作战经验也尚不够丰富的岳飞，未能明白王彦苦心，见主将畏缩不出，一怒之下，他竟率部擅自向金军发动突袭！

此番行动，岳飞一马当先，驰入敌阵，夺下金军军旗，乱敌阵脚的同时，又大大鼓舞了己方士气。其他各部见岳飞以军旗相招，便也争先恐后出击，最终大败敌军并生擒一名金人千户，接着又击退一名万夫长的反扑，成功收复卫州新乡县。

虽初战告捷，但岳飞此举却令金人误以为南宋大军将至，忙调集数万人马前来围剿。在金军矢下如雨的猛攻中，几千宋军伤亡惨重，在突围中溃散。王彦转战数十里，收得残部仅七百余人，退守卫州共城县（今河南辉县）的西山。

此后，为表抗金之志，王彦及其部属都在脸部刺"赤心报国，誓杀金贼"八个字，又不断派人联络两河义军民兵，最终军队发展到十多万人，号称"八字军"，战斗力极强，营寨坚如磐石，与金军战斗近百次，收复绵延数百里地区，威震北方。

岳飞率部突围后，在共城西北六十里的侯兆川又逢大股金兵。他临危不惧，勉励士卒道："敌军虽众，但只要我方人人都以必胜之心全力以赴，必能克敌，不用命者斩！"经拼死冲杀，岳飞所部以士卒伤亡惨重的代价，终将敌军击退，岳飞本人也受伤十余处。

此后，岳飞的小部队辗转于太行山区苦战，处境艰难，天寒粮尽，只得宰杀战马作食。

此时，岳飞深悔当初意气用事、贸然出兵，为更好地抗金报国，也为下属士卒的长远计着想，岳飞只身前往王彦营寨负荆请罪，希望能归属八字军旗下。

可惜，王彦对岳飞往日不遵军令、擅自出击仍感介怀，不愿收留岳飞所部，也未向其赠粮纾困，只是对岳飞道："你违反军令，按罪当诛，不过你离开我的部伍已久，仍敢只身回来请罪，也算胆气过人。国势艰危之际，人才难得，我不以军法追究你，你且自去吧！"

岳飞碰壁而归，并未灰心丧气，率部继续往北苦战，愈打愈远，且战且捷。

例如，某次战斗中，岳飞军俘虏金将一名，夺得战马数十匹。他们还曾在山间据守险要，主动突袭一支上万规模的金军，岳飞再次身先士卒，挥动铁枪，从山岗飞驰而下，刺死带头金将黑风大王。上万名金军猝不及防，以为中伏，狼狈败退，丢下的战马兵器、粮草辎重，都成了岳飞部队的军需补给。

岳飞就这样以战养兵，坚持到年底，深感自己势孤力单，难成抗金大业，于是决定率部南下，投奔曾经的老领导——东京留守宗泽。

前文已述，赵构登基后，曾将宗泽任为"襄阳知府"，排斥在朝廷中枢之外。好在李纲为相后，推荐宗泽为东京留守兼开封府尹，负责守卫京城。李纲被罢相后，投降派主张放弃黄河以北领土，将岳飞之伯乐张所也一并弹劾罢官，但同属抗战派阵营的宗泽却暂得"幸免"——因其所任东京留守之职举足轻重，其所率的东京留守司军，更是此时南宋军队的中坚力量。以高宗为首的投降派，之所以能南逃扬州寻欢作乐，正赖宗泽为他们在北方竖起了坚固的军事屏障。

岳飞南下来投后，东京留守司的官员查究了他从王彦军中出走的经过，并报告宗泽，建议对岳飞军法处置：

军中非大将令，副将下辄出号令，及改易旌旗军号者，斩。背军走者，斩。

————宋·岳珂《金佗稡编》卷四

岳飞在元帅府隶属宗泽旗下时，曾屡立战功，有"勇冠全军"之名。故宗泽对其之骁勇善战颇有印象，认为岳飞实属"将才"难得。其脱离主将、擅自出兵，固然有罪，但亦是出于抗金心切，如今国势维艰，正逢用人之际，何不留其立功赎罪，为国效力？

心念至此，宗泽从大局出发，将岳飞无罪开释，降官为秉义郎，留军候用。

不久，金军进犯汜水关（今河南汜水镇西）。汜水关地势险要，为东京西面的重要咽喉，是金人西路军东下的必经之地，不可有失。宗泽遂命岳飞为踏白使，率五百骑兵，前往击敌。出发前，宗泽再三叮嘱岳飞："你触犯军法，按律当斩，我惜你有将才之能，释而不问，此次出战，必胜而后还、将功补过，万不可轻敌！"

岳飞感念宗泽开释之恩，以竭力必胜之念奋勇而去，抵达关口后，所向无前，首战告捷。与之同时，东京飞骑送来军令：留守当地，与金军相持。

可所携军粮即将耗尽，如何驻守？！

别急，区区困境难不倒智勇双全的岳飞，且看其如何以计退敌。

接到军令后，岳飞从容布置，令三百士卒每人缚好两束柴草，埋伏在前山脚下。待及半夜，则燃起柴草两端，高举过顶，满山奔走。金军见一山火光通天，以为宋方大量援军抵达，慌得马不及鞍、人不及甲，连夜撤营。岳飞乘机率部追赶，活捉金人千户等头目，金军大败。

奏凯回到东京后，岳飞被提拔为都统制。

此后半年间，岳飞在宗泽部中"逢战必捷"，扬名军中。

宗泽对岳飞器重有加，有心栽培，便授予他一些作战阵图，命其学习研究："你的智勇才艺不输任何古代名将，唯一不足，是排兵布阵都是野路子，未掌握正统的军事阵法。目前为下等武将尚可，他日统率千军万马，倘若还是如此，恐非万全之计啊！"

尔勇智才艺，虽古良将不能过。然好野战，非古法，今为偏裨尚可，他日为大将，此非万全计也。

——元·脱脱《宋史》卷三百六十五

岳飞听罢，却不因宗泽位高权重而盲从其观点，而是不卑不亢回曰："战场形势古今有别，瞬息万变，而阵图都是既定之规、已成之法，以一成不变之阵图应对千变万化之战场，如何取胜？若平川旷野，猝然与敌军相遇，又哪有时间布阵？况我目前掌兵不多，按图列阵恰会将己方虚实暴露无遗，岂非弄巧成拙？"

古今异宜，夷险异地，岂可按一定之图？……若平原旷野，猝与虏遇，何暇整阵哉！况飞今日以裨将听命麾下，掌兵不多，使阵一定，虏人得窥虚实，铁骑四躁，无遗类矣。

宗泽听罢，反问道：

如尔所言，阵法不足用耶？

岳飞略加思索，回复了这样两行金光闪闪的大字：

兵家之要，在于出奇，不可测识，始能取胜。

阵而后战，兵法之常，运用之妙，存乎一心。

——宋·岳珂《鄂王行实编年》卷之一

这三十二个字，可谓是岳飞一生军事思想的精华所在，也是其百战百捷的不二法宝——强调作战的灵活性，随机应变，以智取胜，约等于《孙子兵法》中的"兵无常势，水无常形，能因敌变化而取胜者，谓之神"，与马克思主义哲学的"具体问题具体分析"亦属曲异而同工。

你看，高手的底层逻辑，往往都是相通的。

经此番探讨，宗泽深感岳飞在军事上实是天赋异禀，不可限量。可惜，其尚未来得及对岳飞进一步提拔重用，便因高宗避敌南下、消极抗金的局势心力交瘁，油尽灯枯。任职东京留守的一年时间里，年已七旬的宗泽共向宋高宗发出二十四道奏章，恳请赵构回銮京师，主持抗战。

在其中一封奏章中，宗泽毫不留情地批评赵构及环伺其侧的佞臣道：

其不忠不义者，但知持禄保宠，动为身谋，谓我祖宗二百年大一统基业不足惜，谓我京城、宗庙、朝廷、府藏不足恋，谓二圣、后妃、亲王、天眷不足救，谓诸帝、诸后山陵园寝不足护，谓周室中兴不足绍，谓晋惠覆辙不足羞，谓巡狩之名为可效……储金币以为贼资，桩器械以为贼用，禁守御之招募，虑勇敢之敌贼也，摧保甲以助军，虑流移之安业也。欺罔天听，凌蔑下民，凡误国之事，无不为之。

——宋·宗泽《宗泽集》

最著名的是第二十一封奏章，为激励赵构报仇雪耻，他写道：

京师城壁已增固矣，楼橹已修饰矣，龙濠已开浚矣，器械已足备矣，寨栅已罗列矣，战阵已阅习矣，人气已勇锐矣，汴河、蔡河、五支河皆已通流，泛应纲运，陕西、京东、滑台、京洛北敌，皆已掩杀溃遁矣……但望陛下千乘万骑……归御九重，为四海九州作主耳。

——宋·宗泽《宗泽集》

结果，这些披肝沥胆、言辞恳切的奏章均如泥牛入海，杳无回音。

最终，宗泽在病榻上疾呼三声"渡河！"后，忧愤而亡。

出师未捷身先死，长使英雄泪满襟！

唯一可感欣慰的是，尚有岳飞继承其遗志，继续在崎岖艰险的抗金路上奋力前行，矢志不移。

苗刘变而帝之心不敢以尽付诸将矣。

——王世贞《弇州四部稿》卷一百一十

维扬惊魂苗刘叛

建炎元年（1127），南宋建立后，金军第一次来犯，宋高宗从应天府避逃扬州。后在宗泽及各地抗金义兵的阻击下，历时四个月，金军撤退。岳飞守卫汜水关及在宗泽军中"每出必捷"，即为此时期之战绩。

此后，南宋朝廷驻留扬州 15 个月。赵构却既不思恢复之计，亦不谋防御之策，反而大兴宫室，唯湎酒色；还不断遣使求和，结果使者皆被金国扣押不归。

与此同时，广大的中原百姓却正被金军践踏屠戮——建炎二年（1128）秋，宗泽离世，金人再次大驱南下，因恼怒澶州军民的誓死抵抗，城破后将居民屠杀殆尽，连婴儿亦不得幸免。十几年后，有人自外乡回到澶州，在全城中竟找不出一户旧有人家。此后，金人又攻陷濮州（今菏泽鄄城县一带），纵火焚城，对居民不分"少、长、良、贱"，一概杀之。

建炎三年（1129）初，金军绕过开封直扑扬州，意在生擒赵构，覆灭南宋，重新卵翼傀儡政权。当金人已攻破近在咫尺的天长军（今属地安徽）时，宋高宗还在扬州行宫中偎红倚翠、寻欢作乐，骤闻军报，吓得他五脏俱裂，六腑皆凉，"遂病痿腐"，从此丧失生育能力。

当时，突袭扬州的金军仅五六千骑，而坐拥十万御营兵之众的宋高宗，却惊到魂飞魄散——未做任何抵抗打算，甚至连宰相都来不及通知，便披甲上马，仅带五六名侍卫奔逃出城，渡江南下！

江边候船之际，有一卫士"出语不逊"，似是抱怨高宗临阵而逃，高宗竟手起剑落，亲手将其刺死。

啧啧，好一个双面帝王！对有着灭国、掳父、辱母、掠妻、丧女之血海深仇的金军是血性全无、畏缩如鼠，但面向比自己弱小的下位者时，可是毫不手软、威武得很呢！

扬州数十万市民，听闻皇帝遁逃，才知敌情逼近，慌忙扶老携幼，争相出城。十万御营兵更纵马狂奔，与民争路，马踏人拥，死伤无数。金人不战而胜，唾手取得扬州，得知高宗已渡江，便四处纵火泄愤。城内来不及逃走的百姓惨遭屠戮，城外拥堵在长江北岸的军民因潮水未涨，难以行舟，挤轧踩踏而亡或坠江丧生者，不可计数——整个扬州城最终仅数千人幸存，城内外"官军、吏民死者数十万"。

一小撮统治者的狼狈逃窜，以一个城市变成尸骨堆积的废墟为代价。

赵构初登帝位时，曾自谓：

自项用兵，朕知其必至于讲和而后止。在元帅府时，朕不知有身，但知有民，每惟和好是念。

——宋·李心传《建炎以来系年要录》卷一百五十九

呵呵，嘴上说着"不知有身，但知有民"，实际行动却完全是"不知有民，但知有身"。倒是"每惟和好是念"算其发自肺腑、践行终生的一句真心话，即忍耻事仇，苟且偷生也。赵构小名君虎，想必是父母希望他既有君子之质，又能威猛如虎，谁承想却在其身上应验成了"伪君子"和"畏金如虎"，可谓讽刺。

待赵构一行马不停蹄逃至杭州后，南宋朝廷紧接着又爆发了另一件大事——"苗刘兵变"。

起因乃是宦官跋扈，仗着高宗宠爱，常对武将颐指气使、动辄呵斥。加之南逃途中，他们竟仍有心情在江南"以射鸭为乐"，抵达杭州后，又抢占民居、强买民物，听闻钱塘有观潮胜景，还在江岸铺排盛宴，帐设塞街，激起军民极大愤慨。

紧接着高宗又赏罚颠倒，对提前护送皇子和隆祐太后（哲宗皇后孟氏）南下避难的御营司武将苗傅、刘正彦毫无嘉奖，对扬州溃退时非但不率兵抵抗、还第一时间征发上百只大船运送私财和家眷的御营司统制王渊却不罚反赏，升为同签枢密院事——只因王渊结交宦官，走通门路。

建炎三年三月，苗傅、刘正彦嫉恨宦官和王渊胡作非为，对朝廷一味南逃也深感不满，在杭州发动兵变，杀死王渊及上百位宦官。并当众历数高宗重用奸臣、宠信宦官，致使"数路生灵无罪而就死地，数百万之金帛悉皆遗弃"等罪状，胁迫其禅位给年仅三岁的皇子赵旉，由隆祐太后垂帘听政,史称"苗刘兵变"。

当时,在江宁(今南京)的同签枢密院事吕颐浩及督军平江(今苏州)的礼部侍郎张浚获悉消息后,火速联络大将韩世忠、刘光世等起兵勤王。苗刘二人见勤王大军逼近杭州,进退失据之下,恭请赵构复位,并要求其写诏书,赦免二人兵变之罪。拿到免死诏书后,二人率部弃城而逃,后被韩世忠军俘获,凌迟处死。

叛乱平息后,赵构复辟,恢复建炎年号,并宣布把临时行在从杭州往北略移至建康(今南京),以此彰显抗金姿态,收买人心。

这次兵变给赵构留下了不可磨灭的心理阴影。

宋朝历代帝王本就"重文抑武",惧怕武将拥兵作乱(毕竟,开国之君赵匡胤的皇位就是这么得来的),亲尝其味后,赵构更坚定了武将比金人更可怕的想法。所以,即便后来南宋军事实力不断走强,他也宁肯残守半壁江山、不断与金议和,为的就是削兵权、罢武将,以保皇权无忧。

明代学者王世贞曾就此评论道:

> 苗刘变而帝之心不敢以尽付诸将矣。是韩(韩世忠)、张(张俊)与岳(岳飞)三将军,其兵皆重于京师,而秦桧以和之说进,立夺其兵而易置之。帝之安,不安于和而安于三将之失兵矣。
>
> ——明·王世贞《弇州四部稿》卷一百一十

故此,这一事件看似和本书主人公岳飞毫无关联,但实质上岳飞最终的悲剧命运,在此时即已埋下伏笔。

九五至尊浮海上

窜身而不耻，屈膝而无惭，直不可谓有生人之气矣。

——王夫之《宋论·高宗》

　　金人突袭维扬、高宗仓皇南逃期间，岳飞依然留守开封，时任正七品之武德大夫。

　　宗泽死后，接任东京留守之职者为杜充。对于这位新上级，岳飞应是十分失望的，因为不论是个人能力，还是为国为民之责任心，杜充都无法与宗泽相提并论。

　　宗泽任留守时，从抗金大局出发，除联系两河、燕云等地的抗金义军外，还收编大量黄河以南的散兵游勇、盗匪武装等，此举既能免除他们流窜各地、劫掠民间，又能团结尽可能多的抗金力量，是极有远见之举。

而杜充刚愎自用，为人暴虐，惯以诛杀制服部下。其上任后，对两河义兵不再联络和支援，放任他们悲壮到"以车载干尸充粮"，被金朝残酷镇压。对宗泽收用的各类武装力量，杜充亦充满疑忌防备，致使他们弥散而去，重为盗寇：

> 宗泽在，则盗可使为兵；杜充用，则兵皆为盗矣。
>
> ——宋·李心传《建炎以来系年要录》卷十六

不仅如此，杜充还与投降派的黄潜善、汪伯彦沆瀣一气，将宗泽所有的北伐部署中止。导致岳飞的故乡相州、北京大名府等河东、河北最后一批州县，悉数被金朝占领。

金军从扬州北返途中，不时派小股兵力深入京郊，刺探开封军情。风声鹤唳之下，杜充决意弃守开封，以"勤王"之名，追随高宗，避走建康——正所谓"上行、下效，存乎中，形于外"是也。

放弃开封，即等于把大江以北的领土和人民拱手让敌。

在这个事关抗金大局的关键时刻，岳飞又像两年前上疏高宗一样，挺身而出，置个人安危于不顾，求见杜充，苦心规劝："中原之地，寸土必争。何况社稷、宗庙在京师，皇陵在河南，利害重大，尤非他地可比。留守手握重兵，又被朝廷寄予厚望，都不守城的话，那京城还能指望谁呢？如今您若弃城而去，开封必陷敌手。他日牺牲数十万军民都未必能夺回，还请留守慎重考虑，三思而后行！"

中原之地尺寸不可弃，况社稷、宗庙在京师，陵寝在河南，尤非他地比。留守以重兵硕望，且不守此，他人奈何？今留守一举足，此地皆非我有矣！他日欲复取之，非捐数十万之众，不可得也！留守盍重图之。

——宋·岳珂《鄂王行实编年》

可纵使岳飞句句带泪，声声啼血，亦是于事无补——开封是重要，但更重要的，是我杜充的命！

接下来，令岳飞大跌眼镜的是，杜充弃守开封、把中原大地拱手送与金人，高宗非但不严惩，反对其南下"勤王"之举褒奖有加（把保护朕放在第一位，怎可不奖？），甚至破格提拔为右相。

实在滑天下之大稽。

然而，令岳飞想象不到的是，如此有悖常理之事竟仅为起点，更使其捶胸顿足、痛心疾首的状况还在后面，且接二连三。

先是杜充弃守开封不久，高宗便亲自上场，高举投降主义大旗，主动去掉皇帝尊号，改用康王名义，派人向金国左副元帅粘罕送去一封乞降求和信。

呵呵，怪不得对杜充不罚反赏，原来是君臣同心，一丘之貉。

在求和信中，赵构哭诉金之伐宋犹如大力士与三尺小人相搏，南宋哪有还击之力？自己"守则无人，奔则无地"，一年间已狼狈逃窜三个地方，惶惶然如丧家之犬：

古之有国家而迫于危亡者，不过守与奔而已。今大国之征小邦，譬孟贲（古代的一个大力士）之搏僬侥（传说中的三尺小人）耳。以中原全大之时，犹不能抗；况方军兵挠败，盗贼交侵，财贿日朒，土疆日蹙。若偏师一来，则束手听命而已，守奚为哉？

自汴城而迁南京，自南京而迁扬州，自扬州而迁江宁，建炎三年之间，无虑三徙。今越在荆蛮之域矣，所行益穷，所投日狭，天网恢恢，将安之耶？

然后乞求金国元帅"惟冀阁下之见哀而赦己也"，意思是我都可怜到这份上了，您老人家就高抬贵手，放过我吧！

紧接着，又大拍粘罕马屁，颂其灭契丹、亡北宋，所向披靡，横扫六合，用兵之妙，堪与华夏文明的始祖黄帝比肩：

恭维元帅阁下以宗英之重，行吊伐之师，谋略如神，威权不世，其用兵之妙，与黄帝争驱。遂北平契丹，南取中国，极天所覆，混为一区，此岂载籍所有哉！

——宋·李心传《建炎以来系年要录》卷二十六

最后赵构"诚恳"表态，愿削去帝号，向大金国俯首称臣、永无二心：

愿削去旧号，如此，则金珠玉帛者，大金之外府也，学士大夫，大金之陪隶也。是天地之间，皆大金之国，而无有二上矣。亦何必劳师远涉，然后为快哉。

社稷存亡，在阁下一言，某之受赐，有若登天之难，而阁下之垂恩，不啻转圜之易，伏惟留神，而特加矜察焉。

——宋·李心传《建炎以来系年要录》卷二十六

意思是，大宋的金银财宝皆是大金国之库存，大宋的文武臣民不过是大金国之奴隶，天地之间，无处不是大金国的，您又何必再受累远来讨伐呢……我深知想取得您的恩赦比登天还难，可您老人家如想垂怜于我，却易如转身。求求元帅您慈悲为怀，考虑考虑我的投降之请吧！

此文通篇摇尾乞怜之状，奴颜婢膝之态，认敌作父之切，翻遍中华史册上下五千年，可谓前无古人、后无来者，堪称投降信中的教科书。就连八百年后慈禧太后那句"量中华之物力，结与国之欢心"，在此"千古奇文"面前，都要甘拜下风、自叹不如。

诚如王夫之所评：

窜身而不耻，屈膝而无惭，直不可谓有生人之气矣。

——清·王夫之《宋论·高宗》

——但凡是个活人，都不可能不知羞耻到这种程度啊！

可想而知，赵构这封卑辱到无以复加的求和信，除了丧尽其自身人格及大宋尊严外，并不能换得金人丝毫之怜悯。

欺弱怕硬，人之本性。

愈是怯懦，霸凌者愈是想狠狠添上一脚，享受加倍的快感。

果不其然，收到赵构之信后，金人骄气大增，于建炎三年秋，全军出动，数路分攻，务求擒拿赵构，灭亡南宋，全占其疆土。

而已升为宰相、负责防御长江的杜充，却闭门不出，终日宴饮。眼见金人离建康已不足百里，岳飞忍无可忍，径闯相府，热泪满面，再劝杜充：

> 劲虏大敌，近在淮南，睥睨长江，包藏不浅。卧薪之势，莫甚于此时，而相公乃终日宴居，不省兵事。万一敌人窥吾之怠，而举兵乘之，相公既不躬其事，能保诸将之用命乎？诸将既不用命，金陵失守，相公能复高枕于此乎？虽飞以孤军效命，亦无补于国家矣！
>
> ——宋·岳珂《鄂王行实编年》

可惜，怀揣拳拳爱国之心的岳飞，永远也叫不醒一个只求自保的懦夫。

很快，一切如岳飞所言，统帅失职、诸将不用命，岳飞孤军难挽大局，金军"渡长江如蹈平地"，建康失守。

杜充则以府库中的钱财收买三千亲兵，护送他及全家老少、金银玉帛，北渡长江，逃往真州（今江苏仪征）。完颜兀术派人前往劝降，并允诺其可于沦陷区组织傀儡政权，杜充遂无耻叛降。

那么，此时的赵构呢？

更厉害。

闻听金人南下，赵构马不停蹄，再次跑路，从临安（今杭州）奔到越州（今绍兴），又从越州窜到明州（今宁波），最后干脆浮国海上，苟全性命于惊涛骇浪间，成为中国历史上第一个因战争而亡命海上的帝王。

在宋廷商议航海避敌之计时，因船只供应有限，决定每艘船载卫士六十名，每人限带家眷两人以内。众卫士深感不满：人人皆有父母妻子，限带两人，何从去留？为此他们找宰执申诉，并质问航海要去往何处，有人因此"出语不逊""间有斥骂者"，与文臣们产生激烈争执。

高宗得知此事后，深感卫士们不可依仗，当夜令五百御营军做好埋伏，次日径闯行宫，突袭卫士。高宗本人也披甲挂胄，亲自弯弓搭箭，射中两人，卫士们猝不及防，"骇惧，悉就擒"，最后十七人被斩首于明州闹市，其他卫士"降隶诸军"。

从上次扬州渡江时的掣杀卫士，到这次明州航海前的一网打尽，充分证明高宗并非事事怯懦之人。对金人的卑辱屈膝，对卫士的狠戾残暴，其实皆为形式和手段，本质上两种行为的目的高度一致——均为维护其自身安全及确保皇权在握。

为达这一目的，于赵构而言，两副面具可心随意动、无碍切换。而且，在今后的帝王生涯中，他还将为这一目的，戴上更多的面具。

就这样，在敌人铁骑奔踏、百姓仓皇呼救之时，一国之君与宰辅之臣却只顾一己之命，或下海远航，或投敌叛国，置大宋于风雨飘摇之中，任社稷处危在旦夕之间。

滚滚浊流中，岳飞又将何去何从呢？

珍丑虏，复三关，迎二圣，使宋朝再振，中
国安强。

——岳飞《广德军金沙寺壁题记》

独立成军复建康

杜充降金后，留守建康的十万官兵，群龙无首，军心溃散。

很多将领率部转为打家劫舍的游寇，有些则干脆逃返故乡。还有些
将领甚至表示，愿推能力出众的岳飞为首领，共同降金。

到了这步田地，还谈什么家国大义、民族情怀！

活下去，才是第一要务。

面对从未有过的复杂局面，岳飞必须当机立断，作出命运的抉择。
金军涂炭之地那白骨纵横的场景，无时不在其脑海中盘旋；自己四次从

军、愈挫愈勇的初心，他也从未曾忘却。于是，二十六岁的岳飞召集好所有部下，以庄严肃穆的眼神，环视他们中的每一个人，无比坚定地说道：

　　我辈荷国厚恩，当以忠义报国，立功名，书竹帛，死且不朽。若降而为虏，溃而为盗，偷生苟活，身死名灭，岂计之得耶！建康，江左形胜之地，使胡虏盗据，何以立国？今日之事，有死无二，辄出此门者，斩！

——宋·岳珂《鄂王行实编年》

　　岳飞爱国情殷，言辞激昂，语罢不禁气塞泪流。士卒们亦为之感泣，纷纷表示愿随岳飞，抗金卫国，力挽狂澜。

　　对前来相约降金的各路人马，岳飞先假意应允，并要求他们上缴兵籍。当各部按约定日期抵达后，岳飞率亲信数人，全副武装，弯弓跃马，同各部健儿比武，接连击败几十人。而后，岳飞点阅兵籍，对众人高声道：

　　以尔等之众且强，为朝廷立奇功，取中原。身受上赏，乃还故乡，岂非荣耶！必能涤荡旧念，乃可相附，其或不听，宁先杀我，我决不能从汝曹叛！

——宋·岳珂《鄂王行实编年》

　　简而言之，一句话：要想降金，先打得过我岳飞再说，否则就随我杀敌报国。

　　二选一，看着办。

众人一则钦佩岳飞勇武绝伦，二则细细思量岳飞之语，实是言之有理：如此乱世，溃而为盗也好，投降金人也罢，哪条路不是刀尖舔血、九死一生呢？而选择杀敌报国、光复河山，最起码生得光荣，死得其所，走的是正路一条。

转念及此，众人异口同声：唯岳统制命！

就这样，在阴风彤云、人心惶惶的混乱局势下，岳飞以坚如磐石的抗金信念及万中无一的非凡智勇稳住了所率部队，并尽可能多地将其他将士也感召在抗金卫国的总目标之下。

从此，他自成岳家军，在抗金事业中开始独当一面，并快速成长为中流砥柱。

任何时代，随波逐流者都是大多数。当你有勇气选择最难的那条路时，你便已超越了这世上绝大部分的人——因为最难的路，往往也是最正确的路。

大浪淘沙，始见真金。

此前，苦于杜充的掣肘，岳飞的抗金雄心难得伸张，一直期盼自己能位居将帅，纵驰己志，成就复国救民之功业，如关羽、张飞一样名载史册：

使飞得与诸将齿，不在偏校之列，而进退禀命于朝，何功名不立，一死焉足靳哉！要使后世书策中知有岳飞之名，与关张辈功烈相仿佛耳。

——宋·岳珂《金佗稡编》卷二十八

现在，机会来了。

建康陷落后，金人继续南下，直取杭州。

而沿途州县的守臣，对敌情竟一无所知。金人前锋所向，几乎未遇抵抗。

杭州西北的天目山有一著名险关，直壁夹道，连峰去天，名曰独松岭。隋唐时，曾有名将在此，以五百骑兵大破敌方十万大军，可谓一夫当关，万夫莫开。可如此要隘，宋方竟未安置一兵一卒把守！与金人初次侵宋时黄河岸边之情景如出一辙。

也难怪完颜兀术发出了熟悉的感叹：

南朝可谓无人，若以羸兵数百守此，吾岂能遽度哉？

——宋·李心传《建炎以来系年要录》卷三十

意思是，南朝真是无人，哪怕安排几百个老弱病残把守此关，也能把我们拦住了。

可惜，话说得太满，总是容易被打脸。

金军以十万之众，一路南下，烧杀抢掠，予求予取，可后方却频遭岳飞军痛击——先是岳飞部下刘经，率一千兵士收复江苏溧阳县，斩敌五百多，活捉金人刚刚任命的溧阳知县及金人头目十二人。再是岳飞亲率所部，在安徽广德袭击金人的殿后部队，六战六捷，斩获金军首级一千二百十六颗，生擒金将二十四人。

此外，岳飞还利用金军成分复杂的弱点，瓦解分化其中的汉族签军（北方沦陷区的男子被金人强征入伍，称为剃头签军），对俘获的签军晓以大义后，放归金营，令他们夜间烧毁金人的粮草、辎重，岳家军则从外面乘机夹攻，屡获胜捷。

此后，不断有签军及各路散兵游勇归降岳飞，称岳家军为"岳爷爷军"，很快岳家军扩充到万人左右。在当时得不到朝廷正常军事给养的境况下，军粮问题成为岳家军最大的困难。

此时，有部下建议岳飞将部队移驻储粮颇丰的宜兴县。

当地的县官、乡绅听闻岳家军的威名，也特意致书岳飞，欢迎他率军到宜兴，并说县里的存粮足供一万人吃十年。岳家军入驻宜兴后，当地的土匪流寇纷纷作鸟兽散，个别未逃窜、又不肯归降岳家军者，被岳飞单骑入寨，斩杀首领，收编所部，宜兴县就此安宁。甚至附近县的许多官吏、百姓，也合家迁来宜兴避难。

在金军烧杀抢掠、民间盗寇横炽，甚至很多南宋正牌军都对百姓多有搜刮之时，一支军纪严明、对民间秋毫无犯，又能御敌护境的部队，如同寒冬里的炭火、暗夜中的明灯，令宜兴人民喜之不尽，交口称赞——"父母生我也，易；公之保我也，难！"他们自发出资为岳飞建造生祠（纪念在世之人的祠堂），供奉香火，甚至悬挂其像于家中，晨昏钦拜。

彼时，岳飞年仅二十七岁。

金人搜山检海，始终未能擒得赵构，在宁波、杭州、苏州三地屠城泄愤，致宁波"遍州之境，深山穷谷，平时人迹不到处，皆为虏人搜剔杀掠，不可胜数""惟东南角数佛寺与僻巷居民偶有存者"。杭州"下令洗城，自州门杀人，而四隅发火""三日夜烟焰不绝"。苏州则大火烧连百余里、五日方灭，当年夏天又遭瘟疫侵袭，以致全城最终丧生者，近五十万人，户口十存一二。

金人以屠戮和纵火发泄完其军事失利的恼怒后，于建炎四年（1130）二月退兵。

途中，又遭岳飞军拦截——金军撤经常州，岳飞率军迎袭，四战四胜。金军人马相互践踏，拥入河中溺亡者，不计其数。岳飞军生擒金军大头目女真万户一名、汉人将领十余名。

凯旋的途中，岳飞曾在宜兴金沙寺题词，以抒己志：

余驻大兵宜兴，缘干王事过此。陪僧僚谒金仙，徘徊暂憩，遂拥铁骑千余，长驱而往。然俟立奇功，殄丑虏，复三关，迎二圣，使宋朝再振，中国安强。他时过此，得勒金石，不胜快哉！建炎四年四月十二日，河朔岳飞题。

——宋·岳珂《金佗稡编》卷十九

如果要问岳飞为什么能在主逃将叛的乱世中，无比坚定地选择迎难而上、抗金卫国，那么答案就在这篇题记中——殄丑虏，复三关，迎二圣，使宋朝再振，中国安强。

因为他的胸怀足够高远且有坚定的理想，对自己的国家和人民有着无比强烈的责任感。

常州遇挫后，金军奔逃镇江，意欲满载掳掠品渡江，却遭镇守水路的武将韩世忠拦截。完颜兀术陆军小舟不敌宋方水军战舰，屡战屡败，被困黄天荡。后有贪图金军悬赏的败类献策，金人另掘河道，沿秦淮河进入建康城西的江面。

此时，赵构已浮海归来，命大将张俊调动全部兵力，务必收复建康，以保自己的小朝廷能苟安江南。可贪生怕死的张俊却任人鄙夷唾弃，不敢向建康前进一步。

主动担此重任的，唯有岳家军。

金军撤至建康远郊之清水亭，被岳飞军攻至横尸十五宋里，斩得大小将领之首级一百七十五颗，缴获马甲、弓箭、金鼓、旗帜等三千七百多件——此战是金人渡江南侵以来，经受的第一次大惨败。

之后，金军在建康凿河筑寨，企图将其作为休养生息、盘踞江南的根据地。

岳飞则因势利导，设伏兵于建康南面的牛头山。夜间他派一百士卒，身穿黑衣，混入金营，四处点火。金军在惊慌中敌我难辨，互相残杀，伤亡甚重。为免岳家军骚扰，金军便增派夜间巡逻兵，岳飞又见招拆招，派士兵潜伏路旁，以逸待劳，突袭巡逻金兵，搞得敌军惶惶不安，草木皆兵。

一个月间，在岳飞巧妙的指挥下，岳家军奇袭金军几十次，屡战屡捷。

不堪其扰的兀术只得放弃建康，渡江北逃。岳飞又率部狠击敌军尾部，战士们跳上尚未逃遁的敌船，斩得秃发垂环之女真兵首级三千多，俘虏将领二十余人，缴铠甲兵器、牛马辎重等数以万计，堆积如山，史称静安大捷！

此战后，金军在江南不复留一骑一卒。

收复建康，是岳飞独立成军后的第一次重要战役，也是南宋立国的重要保障——可以说，如果没有岳飞的这场辉煌胜利，南宋朝廷将无法在江南安身续命。

自此，岳飞名震天下，成为乱世中冉冉升起的一颗璀璨将星。

拾贰

因功晋升镇抚使

建炎四年五月，岳飞亲自押解建康之役的俘虏，前往临时行在越州（今浙江绍兴），觐见宋高宗。

将领能向朝廷献以女真战俘，这在南宋立国四年来，尚属首次。

四年前，赵构登基为帝时，岳飞还是个因越职言事而军籍被削、流落江湖的布衣百姓，如今他已从无名之辈，成长为以赫赫战功而得帝王召见的青年将领——这应是两个年轻人的首次正式碰面与交流。

此后，岳飞将快速步入历史舞台的中央，与赵构产生越来越多的交集和碰撞。

抵达越州后，岳飞首先见到了曾受命收复建康却龟缩不前的大将张俊。此时，因岳飞能力出众，且尚未危及张俊地位，张俊对其颇有好感，向岳飞透露内情道：朝廷仍非常担心金兵再次渡江，计划命岳飞镇守江南东路的饶州（今江西鄱阳县），以防敌人后续从此处渡江南侵。

岳飞听罢，当即表示异议，再展其天才的军事洞见：

山泽之郡，车不得方轨，骑不能并行，虏得无断后之虑乎？但能守淮，何虑江东、西哉！使淮境一失，天险既与虏共之矣，首尾数千里，必寸寸而守之，然后为安耶？

——宋·岳珂《金佗稡编》卷二十三

意思是说，江西境内多丘陵山泽，不利于女真骑兵驰骋，且有后路被截之患，敌虏必不会从此处渡江，故而宋廷并无四下分兵之必要。只要扼守住江淮要地，东南定可高枕无忧，江淮若失，则长江天堑宋金各据一方，首尾数千里之江流，寸寸均需出兵把守，大宋岂非危矣？！

随后觐见高宗时，岳飞再次表达了守卫建康的战略意义，并主动请缨，想要担当起守护两淮的重任：

建康为国家形势要害之地，宜选兵固守。……臣以为贼若渡江，必先二浙，江东、西地僻，亦恐重兵断其归路，非所向也。臣乞益兵守淮，拱护腹心。

——宋·岳珂《金佗稡编》卷二十三

赵构对岳飞之见深表赞许，取消了让其驻军饶州的计划，并赐岳飞镀金枪、百花袍、金带、鞍马和五十副铁铠，以示嘉奖。

此后，岳飞暂回宜兴休整。

岳飞是爱书之人，每到一地，常去拜访当地有名的读书人。宜兴张渚镇上，住着一位张姓人家，藏书颇丰，岳飞特往拜访，并在张家屏风上题记留念：

近中原板荡，金贼长驱，如入无人之境；将帅无能，不及长城之壮。余发愤河朔，起自相台，总发从军，小大历二百馀战。虽未及远涉夷荒，讨荡巢穴，亦且快国仇之万一。今又提一垒孤军，振起宜兴，建康之城，一举而复，贼拥入江，仓皇宵遁，所恨不能匹马不回耳！

今且休兵养卒，蓄锐待敌。如或朝廷见念，赐予器甲，使之完备，颁降功赏，使人蒙恩，即当深入虏庭……迎二圣复还京师，取故地再上版籍。他时过此，勒功金石，岂不快哉！此心一发，天地知之，知我者知之。建炎四年六月望日，河朔岳飞书。

——宋·赵彦卫《云麓漫钞》卷一

此时的岳飞，热切期盼朝廷能改变对敌策略、积极反攻，自己能率手下的万余名将士驰骋疆场，大展拳脚，实现其驱逐敌虏、收复河山之宏图壮志。

因收复建康之功，岳飞声誉日高。张俊盛称岳飞可用，宰相范宗尹也向高宗力荐之。安徽宣州一文士邵缉，亦上奏历述岳飞之超绝才干、特立情操、赫赫军功：

岳飞骁武精悍，沉鸷有谋，临财廉，与士信，循循如诸生，动合礼

法……而身与士卒之下者同食，民间秋毫无扰。且虑金人留军江南，为东南之患，则奋不顾身，克复建康，为国家取形胜咽喉之地。江、浙平定，其力也！

——宋·岳珂《金佗粹编》续编卷十七

并向朝廷建议道：南宋可独当一面的大将不过四五人（韩世忠、刘光世、张俊、岳飞），而其中岳飞官品最低，此时提拔，正当其时也，若"朝廷宜优擢之，假以事权"，则岳飞"必能为国家显立战伐之功"。

高宗自上次朝见，对岳飞亦印象深刻。于是顺应民情，于同年七月，下诏擢升岳飞为通州、泰州镇抚使。

自此，二十七岁的岳飞，正式步入南宋高级将领之列。

但岳飞对此项任命却颇觉不满。一因泰州、通州均非战略要冲之地，镇抚使更属防御性职位，这与其光复河山的宏图壮志，可谓背道而驰。二因"镇抚使"之职乃为安定社会、招安游寇头目而设，与岳飞同授此职者，多为向朝廷投诚之游寇或土豪，他们多数见利而动，叛降无常，以抗金报国为志的岳飞自不愿与此等乌合之众为伍。

于是，岳飞上状申诉，请求开赴前线，提兵北伐：

金贼侵寇虔刘，其志未艾，要当速行剿杀，殄灭静尽，收复诸路。不然，则岁月滋久，为患益深。若蒙朝廷允飞今来所乞，乞将飞母、妻并二子为质，免充通、泰州镇抚使，止除一淮南东路重难任使。令飞招集兵马，掩杀金贼，收复本路州郡，伺便逦迤收复山东、河北、河东、京畿等路故地，庶使飞平生之志得以少快，且以尽臣子报君之节。……

如蒙指允飞所乞，即乞速赐指挥，亦不敢仰干朝廷，别求添益军马。伏乞钧照。

——宋·岳珂《金佗稡编》卷十七

怕朝廷对武将不放心，岳飞甚至主动提出愿以母、妻及二子为人质，并强调不需朝廷增添军马，愿只凭一军之力北上击敌。

可惜，岳飞这篇豪情凌云、气吞万里的请战札，仅得到朝廷程式化的例行答复，便再无下文——只求自保、畏敌如虎的赵构是决然不可能应允岳飞之请的：金人不来打我们就烧高香了，你还想主动去摸老虎屁股，给朕人为制造风险？门儿都没有！

而此时的岳飞，对宋高宗尚存不切实际之幻想：从前他各种奔逃，略无担当，说到底是没有信心战胜金军吧。等我和我的军队足够强大，强大到足以战胜敌人，到时何愁其不会生出锐意进取、光复故土之志呢！

可岳飞怎会料到，当自己足够强大时，非但未能唤醒宋高宗抗金卫国的雄心，反逐渐成为其防范、猜忌的对象。

请战无果后，岳飞只得赴任新职。

其到泰州的第一件事，便是整顿当地军伍。

为激励士气，岳飞点检泰州兵籍后，让当地所有兵士齐到教场，比赛骑射之术。然后精选一百名优胜者，分为四队，令每人自择一匹战马，赐铁甲一副，充当自身亲兵，"常置左右"，以示对泰州当地军队的信任和重视。因古代中国人的地方观念浓厚，常以籍贯抱团，不同地方的军队极易产生摩擦与嫌隙，影响军队整体战斗力。岳飞选拔泰州兵为亲兵，是为表态其对新旧部属皆一视同仁，大家须勠力同心，共赴国事。

卿节义忠勇，无愧古人。所至不扰，民不知
有兵也；所向必克，寇始畏其威也。

——岳珂《金佗稡编》卷五

孤军一旅援淮西

　　且说完颜兀术被岳飞驱赶渡江后，与金将完颜挞懒（完颜昌）合军
攻打楚州（今江苏淮安），企图打通运河沿线、将从江南掠夺的金银财物
以水路更快运回金国。

　　长江以北的扬州、承州（今江苏高邮）、楚州均为战略要地，当时
扬、承二州已陷敌手，楚州若再不保，则整个淮南将全部落入金人控制
之下。

　　朝廷急命大将张俊前往救援。

而张俊竟又像被委派收复建康时一样，当起了缩头乌龟，堂而皇之地拒绝道：

> 虏之兵不可挡也。赵立（楚州守将）孤垒，危在旦夕。若以兵委之，譬徒手搏虎，并亡无益。

——宋·李心传《建炎以来系年要录》卷三十六

——敌兵锐不可当，去救无异于徒手打虎、白白送死，傻子才会去！

签书枢密院事赵鼎苦劝张俊出兵无果，甚至上奏朝廷，称只要张俊出兵，自己愿与之同往。但张俊仍无动于衷，拒不出兵。

朝廷无奈，改派大将刘光世急援楚州。

结果，刘光世更无赖，因其父刘延庆与兄长刘光国在靖康之难汴京陷落时死于乱军之中，故其深畏前线，作战一向"持重保守"，只派裨将出战，自身则远离战场。宋高宗先后发出五道亲笔手诏，十九道枢密院札，督其出战：

> 唇亡之忧，于卿为重。宜速前渡大江，以身督战，庶使诸镇用命，戮力尽忠，亟解山阳之围。

——宋·岳珂《金佗稡编》卷五

拥兵五万的刘光世，却不动如山：

时金兵留淮东，光世颇畏惧其锋，楚州被围已百日，帝手札趣光世援楚者五，竟不行。

——元·脱脱《宋史》卷三百六十九

最后，瞅赵构要跳脚急眼了，刘光世才敷衍了事，派两名统制官率二千轻兵，到安徽天长溜达了一圈，算是交差。

服了。

天长和楚州之间，隔着洪泽湖、高邮湖及几十上百的小型湖泊沼泽，怕是连金兵的影子都看不到，这算哪门子救援？！

没办法，只能请刚刚收复建康，兵马疮痍、缺衣少粮的岳家军出场了。

当时，岳家军处境极其困难。

因驻军之地累遭战火，无力供粮，岳飞全军加随行眷属几万人的饮食衣装，上千匹战马的粮草，都"一一窘乏"。深秋之际，战士们食不果腹，衣不避寒，军事装备亦极差。但岳飞受命后，未做任何推托，火速驰援楚州。途中，他接连向上级刘光世发出两封公牒，申述自己部队给养匮乏、人伤马乏之困境：

见带军马万余，自春并不曾支给衣赐。

惟是新复建康之后，所有士马疮痍尚新，羸弊方甚……刍茭、糗粮一一窘乏……本未能即从王事，重以承、楚之急，甚于倒垂，不可以顷刻安居，理宜前进。

岳飞说，依自己所部目前之境遇，本无法立即展开新的军事行动，但承州、楚州已处倒悬之危，故岳家军理应义无反顾，奔赴国难（此正飞捐身殉义之秋）；但一旅孤军，委实难以击退兵力盛壮的金军（孤军委实难以支吾），期望刘光世能增援一两千人、借十日之粮，自己也好以此激励士卒，奋勇杀敌，早解楚州之围：

> 欲望钧慈捐一、二千之众，假十余日之粮，令飞得激厉士卒，径赴贼垒，解二州之围，扫犬羊之迹。
>
> ——宋·岳珂《金佗稡编》卷十七

但，如此最低限度之要求，却未得到刘光世丝毫回应——既不出兵相援，亦不借粮纾困，甚至无只言片语答复。

如此势孤援绝的情势下，岳家军仍疾援楚州，与金军殊死苦斗，三战三捷，前后活捉七十多名金军将领。当这批俘虏押解至杭州后，高宗赐岳飞金注碗一只、盏十只，并赐札表彰道：

> 卿节义忠勇，无愧古人。所至不扰，民不知有兵也；所向必克，寇始畏其威也。
>
> ——宋·岳珂《金佗稡编》卷五

呵呵，那可不嘛。

南宋诸大将实力均远超岳飞，却一一龟缩江南，唯岳家军在装备极差的情况下，奋力北上，万死不辞，此何等之忠勇也！

然仅凭岳飞之一旅孤军，何能全克金军二十万之众？

建炎四年九月中旬，楚州城破，守将赵立被敌人的炮石打碎头颅，气绝前慨叹："我终不能与国灭贼矣！"楚州民众到最后一刻仍与金军拼死巷战，有些妇女甚至拉住金兵，一同坠河。

楚州陷落后，金军掌握了渡淮的交通要道，两淮地区几乎全陷金人之手。朝廷令岳飞退兵通州、泰州，岳家军由是忍痛退兵。

到十一月，二十万金军转而猛扑岳飞驻地泰州。

朝廷令岳飞"可战即战，可守即守"，如不可守，则携百姓撤退到长江以南。

《孙子兵法》有云："知可以战与不可以战者胜。"

而泰州无险可恃，无粮可守，金军兵力又二十倍于岳飞，明显属于"不可以战者"。岳飞审时度势，决定掩护几十万百姓和军队家属渡江南撤。后撤途中，敌人大军追袭，双方在南霸塘激战，岳飞身中两枪，血染铁甲，仍指挥将士死战，很多敌人毙命于河中，"河流为丹"，"金人望之，不敢逼"。

朝廷诏刘光世支援，但刘光世再违诏令，不发一兵一卒渡江，亦不输送粮草。

最终，岳飞亲率二百名精骑，坚守桥头断后。留驻江北的最后几日里，军粮罄尽，他们只得割敌尸充饥，待百姓及大军撤离完毕，才最后渡江。

乱世之中，人如蝼蚁，命似草芥。前宰相杜充为逼退金人、保住官位，曾决堤黄河，致无数百姓命丧汪洋。大将张俊撤离明州，为防金人追袭，竟砍断出城之浮桥，害得城内百姓几乎被屠戮殆尽。对比之下，如岳飞这般以血肉之躯掩护一城百姓的将领，堪为万中无一。

三百年前，唐人李贺曾写过一首《雁门太守行》，描述兵临城下，敌我悬殊，守军将士处境艰难却壮怀激烈、誓死报国的悲壮画面，可以说正是岳家军此战最精准传神之画像：

> 黑云压城城欲摧，甲光向日金鳞开。
> 角声满天秋色里，塞上燕脂凝夜紫。
> 半卷红旗临易水，霜重鼓寒声不起，
> 报君黄金台上意，提携玉龙为君死。

山林啸聚何劳取，沙漠群凶定破机。

行复三关迎二圣，金酋席卷尽擒归。

——岳飞《题翠岩寺》

建炎四年，宋金战争形势发生重大变化。

金军以擒拿赵构、灭亡南宋为目的之南侵，遭到岳飞、韩世忠军的强力阻击，从此不敢轻易渡江。而西北战线上，川陕宣抚处置使张浚（此张浚非彼张俊）在西北开辟了第二战线，集结大量军力，迫使金国将一部分军事主力转至西线战场，从而牵制和分散了金人的军事主力，使东线形势有所缓和。

在北方金朝占领区，广大民众也一直对金国强制推行的奴隶制和严酷压迫，进行着不屈不挠的反抗，烽火连天，义旗满地，"江北之民，誓不从敌，自为寨栅，群聚以守者甚众"。例如，东京开封府陷落敌手后，在饿殍遍野、壮年男子已不满万人的情况下，仍发生激烈的反抗运动，起义者坚守一个多月，开封才再度被金军攻占。

在前线接连失利、后方占领区又起义不断的情况下，金国的统治阶层开始认识到他们速亡南宋的设想并不现实，对宋策略遂做出如下调整：

一是入川陕。将军事前锋转至川陕一线，企图控制长江上游，迂回包围南宋。

二为立刘豫。在中原扶持原宋朝济南知府刘豫为"儿皇帝"，建立伪"齐"政权，以开封为其首都，管辖含陕西、河南和山东在内的黄河与淮水间区域，作为金、宋两国的缓冲地带，使得金军可集中兵力，镇压后方起义军，以巩固其在北方占领区的统治。

三乃纵秦桧。放归靖康之难时被俘、现已变节降金的御史中丞秦桧，在南宋内部安插"奸细"，破坏抗金势力。

此后三年间，宋金战争形势稍缓。新成立的伪齐政权需要积累军事实力，并派兵协助金军攻打四川。故而，在淮东、淮西、京西三个战场，宋与伪齐暂时休战。

但，南宋政府依然不得闲。

因为除了时刻要提防金人入侵外，其内部还饱受土贼与游寇之患：

方今兵患有三，曰金人，曰土贼，曰游寇。

——宋·李心传《建炎以来系年要录》卷四十二

土贼多为混乱时局所滋生的民间盗匪武装。游寇则多数本为正牌宋军，在金人南侵过程中溃逃星散。因朝廷不断南迁、自顾不暇，这些无人收编的溃军便沦为打家劫舍的散兵游勇，于乱世中四处流窜，千百为群，盘踞一地，各自称霸。

曾有官员将金兵、土贼、游寇轮番劫掠之下惨不忍睹的民间景象，上报朝廷：

> 自江西至湖南，无问郡县与村落，极目灰烬，所至破残，十室九空。询其所以，皆缘金人未到，而溃败散之兵先之；金人既去，而袭逐之师继至。官兵盗贼，劫掠一同。城市乡村，搜索殆遍。盗贼既退，疮痍未苏，官吏不务安集，而更加刻剥。兵将所过纵暴，而唯事诛求。嗷嗷之声，比比皆是。民心散畔，不绝如丝。

——宋·李心传《建炎以来系年要录》卷四十一

所谓"内寇不除，何以攘外"——无论从抗金需要，还是巩固南宋政权考虑，剿除贼寇都势在必行。

于是，这内部剿匪的重任，自然又落在报国热情最为高涨的岳飞和岳家军身上。

且看其如何破李成，降张用，伐曹成，平杨么（当时势力最大的四股贼寇）。

内寇李成原属朝廷命官，听相面道士评其有割据之相，于是叛而为盗，连兵数十万，自号李天王，先后据江淮十余州，有席卷东南之势，对南宋威胁极大。

宋廷命张俊为江淮招讨使，前往征剿，高宗甚至以威胁性的口吻，对其道："今日诸将，独汝无功。"张俊惶恐受命后，自知仅凭本军"必不可胜"，于是上疏点名要求"勇谋兼备"的岳飞同往。

绍兴元年（1131）初，岳飞受诏归张俊节制，从江阴出发，向江西洪州（今南昌）进发。

时值二月，百木萌新，草长莺飞。

岳飞大军穿越在安徽、江西一带的连绵山脉间，苍松翠竹、望之不尽，山涧清溪、闻之不绝，巍巍群山又令人精神奋悦，胸襟扩张。岳飞有感于祖国河山之锦绣壮丽，心情澎湃，在安徽祁门县的东松寺壁上，挥笔题词：

> 余自江阴军提兵起发，前赴饶郡，与张招讨会合。崎岖山路，殆及千里，过祁门西约一舍余，当途有庵一所。问其僧，曰："东松"，遂邀后军王团练并幕属随嬉焉。观其基址，乃凿山开地，创立廊庑，三山环耸，势凌碧落，万木森郁，密掩烟霭，胜景潇洒，实为可爱。所恨不能款曲，进程遄速。俟他日殄灭盗贼，凯旋回归，复得至此，即当聊结善缘，以慰庵僧。绍兴改元仲春十有四日，河朔岳飞题。

——宋·岳珂《金佗稡编》卷十九《东松寺题记》

这篇短文，文辞通顺，落笔雅丽，描摹山色胜景，如在目前，足证岳飞在卓越的军事才能外，亦颇具文学修养。龚延明教授评价此文曰"岳飞在戎马倥偬之际，给我们留下了这篇赞美江南山色的散文，使我们窥见了英雄丰富的内心世界：既有慷慨高昂誓杀金人、雪耻复国的内涵，也有热爱山河、向往自然之美的深情，这两者是相互联系、密切结合的。

岳飞懂得美，欣赏美，更追求美，惟其如此，他才能锲而不舍地为祖国而战"，诚可谓英雄知音也。

招讨使张俊抵达洪州后，李成部将马进屡下战书挑衅，他却整月不敢应战。岳飞率军与其会合后，主动请缨为先锋军，这才一改消极防守之局面——岳飞以骑兵三千绕到赣江上流，渡而击敌，攻其不备，大败贼军，在另一路宋军夹攻下，俘虏五万之众。

马进率残部逃遁，岳飞追击二十余里。沿途有座土桥，岳飞率数十骑驰骋而过后，土桥突然坍塌。马进见状，回军反扑，岳飞却临危不乱，展臂引弓，正中敌方先锋将，又指挥几十名骑兵奋勇死战。后方部队及时修复土桥，大军继至，杀得马进军望风溃逃。

第二日，马进军集中兵力，倾巢而出。岳飞亲率二百骑兵，擂动战鼓，高举岳字旗诱敌，游寇见岳飞兵少可欺，立即出阵交战。此时，宋军之伏兵从四面八方涌出，贼寇再败，倒戈投降者近万人。马进率残部向北溃逃，岳飞连夜率军衔枚急行，赶在马进之前，设伏山间。待马进残部逃至山谷，伏兵齐发，撼天震地，岳家军一鼓作气对贼寇进行了歼灭战，马进仅带十余骑逃生。

李成知悉马进惨败后，亲率十万大军反扑决战，并据险设伏。宋军将计就计，从背后包抄其伏兵，李成大败而逃。岳飞则宜将剩勇追穷寇，将其残部直逼江边，前有江阻，后有追兵，几万余匪就此不攻而垮。

李成山穷水尽，投奔伪齐而去，成为金人帐下走狗。

大破李成后，宋军转而将目标对准江西境内拥兵五万的游寇张用。

此人与岳飞是汤阴老乡，原同在宗泽帐下为将。杜充接任东京留守后，对其排挤打击，张用遂出走为寇。

张俊召见岳飞道：非公无可遣者。（这次还得靠你呀！）

又问岳飞：用兵几何？（需要多少人马？）

岳飞回曰：此贼可徒手擒！（我一个人赤手空拳就能搞定。）

张俊登时呆住：大哥，牛皮吹大了吧？！

岳飞则胸有成竹，书信一封，遣人送往张用营寨：

> 吾与汝同里人，忠以告汝：南薰门、铁路步之战[1]，皆汝所悉也。今吾自将在此，汝欲战，则出战。不欲战，则降。降则国家录用，各受宠荣。不降，则身殒锋镝，或系累归朝廷，虽悔不可及也！

——宋·岳珂《金佗稡编》卷五

翻译成大白话，信的意思就是：咱俩之前交过手，我啥水平你也知道。要打就打，不打就麻溜投降。大家是老乡，我才先礼后兵的，过了这村儿没这店儿，你可想清楚喽！

张用看了这封动之以乡情、晓之以利害的劝降信后，略为思索，果断决定投诚岳飞，保全性命。

岳飞就此兵不血刃，和平收编了一支五万人的队伍，既为朝廷及当

---

[1] 南薰门、铁路步之战，是指张用初叛为寇时，曾败给岳飞两次。南薰门之战中，岳飞以两千士卒，大破张用数万之众。

地百姓清除了兵匪之患，又团结壮大了抗金力量——所谓"不战而屈人之兵，善之善者也"。

江西平匪期间，岳飞曾在翠岩寺题诗道：

> 秋风江上驻王师，暂向云山蹑翠微。
> 忠义必期清塞水，功名直欲镇边圻。
> 山林啸聚何劳取，沙漠群凶定破机。
> 行复三关迎二圣，金酋席卷尽擒归。

——宋·岳珂《金佗稡编》卷十九《题翠岩寺》

这表明，虽岳飞目前不得不受命镇压"山林啸聚"的贼匪流寇，但他心中时刻思虑的仍是如何平定"沙漠群凶""擒归金酋"，复三关，迎二圣，使山河一统，国耻得雪。

搞定李成和张用后，绍兴二年，宋廷命岳飞担任荆湖东路安抚使，前往潭州，弹压湖南境内拥兵十万的匪寇曹成。

当时，岳家军的兵力为一万两千余人。岳飞留兵两千在驻地护佑军队眷属，出征剿匪的一万余人中，又有三成为火头军和辎重兵，实际可出征者，仅七千余人。

名臣李纲深感岳飞"兵数不多，钱粮阙乏"，恐难当此大任，坚决请求宋廷派韩世忠率军增援。其他大臣也认为当地匪贼丛生，如前往讨伐，他们定会"阴相交结""为互援之计"，使岳飞军有腹背受敌之患。

然而，很快岳飞就用一连串的胜利让朝臣们明白，他们的担心实属多余。

从尽可能团结有生力量、共同抗金的立场出发，岳飞对曹成也是先行招降，无奈此贼倚仗兵强马壮，并不买账。

呵呵，那就别怪岳飞不客气了。

双方大战前，岳家军活捉对方一名敌探，交由岳飞审问。

审至中途，岳飞计上心来，假装想起一桩要事，急急走出帐外，问管粮的军吏："余粮几何？"军吏回曰："粮食马上吃完，转运使还没送粮来，如何是好啊！"岳飞焦急起来："快催，不然就要返回驻地就粮了！"说完，岳飞做出一副察觉此话走漏了军情、懊恼顿足之状；又凑近军吏，耳语几句后，才神色凝重地走回帐内。

接下来的审问，岳飞一副因粮生愁、心不在焉的样子，草草续问几句后，便对敌探道："你既是本地良民，且放你回去。"

敌探得此重量级情报，急奔回营，报与曹成。曹成大喜，松懈了防备，还幻想等岳飞撤军时，趁势追击捡个便宜。结果，当晚岳飞军绕路而行，趁夜奇袭，大破曹营，焚毁敌寨。曹成军就此元气大伤，夺命奔逃，岳家军则穷追不舍，往返奔讨几千里，又数次大败敌军。

更为难得的是，在剿匪过程中岳飞秉持感化为主，杜绝滥杀，即使招降不成，也以唯诛贼首、胁从安抚为原则，对三路分讨的部将们道：

曹成败走，余党尽散，追而杀之，则良民胁从，深可悯痛；然纵其所往，则大兵既旋，复聚为盗。吾今遣若等三路招降，若复抵拒，诛其首而抚其众。谨毋妄杀，以累主上保民之仁。

——宋·岳珂《鄂王行实编年》

岳飞分军三路逐袭，沿途招降两万多人，并分粮给降卒，吸纳自愿留下的精壮，其余放归田里。曹成兵散势尽，走投无路，只得投诚韩世忠，接受招安。

岳飞在无任何友军支援下，独力战胜兵力上十倍于己的曹成匪军，大出朝堂众臣之意料。曾任宰相的李纲，赞其曰：

年齿方壮，治军严肃，能立奇功，近来之所少得……异时决为中兴名将。

——宋·岳珂《金佗稡编》卷五

此战后，岳飞连升三官，被擢为中卫大夫、武安军承宣使。官方诰书中称赞岳飞：

为时良将，统我锐师，许国唯以忠诚，驭众亦能训整，同士卒之甘苦，致纪律以严明。宣力久劳，战多实著，功加数路，迹扫群凶。

——宋·岳珂《金佗稡编》卷二

至此，二十九岁的岳飞已成为一名大战略区的军事统帅，拥精兵二万三千，驻扎九江，守卫长江中游。其威望与实力，已堪与东南大将韩世忠（四十三岁）、刘光世（四十三岁）、张俊（四十六岁）相提并论。

真真乃后生可畏也！

而岳飞却并不以此为傲，返回驻地途中，其在湖南永州题记一篇，以抒心声：

权湖南帅岳飞被旨讨贼曹成，自桂岭平荡巢穴，二广、湖湘悉皆安妥。痛念二圣远狩沙漠，天下靡宁，誓竭忠孝。赖社稷威灵，君相贤圣，他日扫清胡虏，复归故国，迎两宫还朝，宽天子宵旰之忧，此所志也。顾蜂蚁之群，岂足为功。过此，因留于壁。绍兴二年七月初七日。

——宋·岳珂《金佗稡编》卷十九《永州祁阳县大营驿题记》

你看，震惊朝堂、无往而不胜的剿匪战绩，对岳飞来说，不过是"顾蜂蚁之群，岂足为功"的微末之事，他所日日悬挂于心的，依然是"扫清胡虏，复归故国"之平生壮志。

很快，第一次兴兵北伐的机会来了。

朕素闻飞行军极有纪律，未知能破敌如此！

——赵构

初次北伐复六郡

平寇至此，尚有盘踞于湖南洞庭湖的土贼杨么未定，且岳飞不断得到杨么与伪齐将领李成（第一个被打跑投敌的内寇）暗通款曲，想要南北夹攻、合力抗宋的谍报。

这意味着，岳飞必须先发制人，才能粉碎二寇合兵之阴谋。

那么问题来了：先剿杨么，还是首攻伪齐？

对此，岳飞已有高见，并向朝廷上奏《乞复襄阳札子》：

臣窃惟善观敌者，当逆知其所始；善制敌者，当先去其所恃。今，外有北虏之寇攘，内有杨么之窃发，俱为大患，上轸宸襟。然以臣观之，杨么虽近为腹心之忧，其实外假李成，以为唇齿之援。今日之计，正当进兵襄阳，先取六郡，李成不就絷缚，则亦丧师远逃，于是加兵湖湘，以殄群盗，要不为难。

在奏章中，岳飞一针见血地指出，先攻伪齐，收复襄阳六郡（襄阳府、郢州、随州、唐州、邓州、信阳军），才能将杨么与李成物理隔绝，而李成既破，对杨么即可关门打狗，易如反掌。

不仅如此，岳飞还高瞻远瞩，从抗金全局之角度，分析收复襄阳六郡之必要性：

而况襄阳六郡，地为险要，恢复中原，此为基本。

襄阳六郡沦落敌手，则伪齐既可溯江而上攻打川蜀，又可顺流而下直取吴越，对南宋构成极大威胁，不可不复也。

最后，岳飞表示自己早已选兵练将、准备就绪，全体将士摩拳擦掌，只须朝廷一声令下，便可大军鼓行，北向平敌：

臣今已厉兵饬士，惟俟报可，指期北向。伏乞睿断，速赐施行，庶几上流早见平定，中兴之功次第而致，不胜天下之幸。

——宋·岳珂《金佗稡编》卷十

宰相朱胜非也赞同岳飞之策，向高宗建言道：

襄阳上流，襟带吴、蜀。我若得之，则进可以蹙贼，退可以保境。今陷于寇，所当先取。

——宋·岳珂《金佗稡编》卷六

但朝堂之上，也有不少大臣认为岳飞身为大将、独当一面的时间太短、资历尚浅，对其能否堪此大任，颇有疑义。

迫于内外交困之形势，赵构犹豫再三，批准了岳飞的军事请求。但其恐金症已入膏肓，唯恐岳飞大杀四方，惹恼金人，堵死议和之路，于是尚未出征，他便慎之又慎地给岳飞画出五道安全警戒线：不得越出六州军界、不得追远、不得称提兵北伐、不得言收复汴京、不得杀戮前来归附之伪齐吏民。

规定"五不得"后，又特意强调如有违逆，则"虽立奇功，必加尔罚"！

由此可见，之于北伐，岳飞与高宗的动机、目标可谓全然不同——岳飞志在驱除鞑虏，剑指中原；而高宗意在保住南宋小朝廷的长江防线，如能打几场胜仗，在对金的谈判桌上捞点议和资本，就更好了。

自此之后，君臣二人因抗金与否产生的矛盾将延续始终且愈演愈烈，注定岳飞的抗金之旅将以功败垂成的悲剧收尾。

此时，一心克敌的岳飞尚未想到这么多，虽朝廷的指令致其束手束脚，但此次提兵北上，已属南宋建国以来第一次主动出击，乃恢复中原的第一步。

所以，岳飞还是相当兴奋的。

绍兴四年五月，岳飞率军三万，浩荡出征。途中其豪情勃发，在新淦县的萧寺壁上题诗一首，以托壮志：

题青泥市萧寺壁

雄气堂堂贯斗牛，誓将直节报君雠。

斩除顽恶还车驾，不问登坛万户侯。

渡江北上至中流，岳飞又仗剑扬鞭，对部将们慷慨盟誓：飞不擒贼帅，复旧境，不涉此江！

对比岳飞之成竹在胸，宋廷对岳飞之出师却仍诸多忐忑，参知政事赵鼎上奏曰：

陛下渡江以来，每遣兵将，止是讨荡盗贼，未尝与敌国交锋。飞之此举，利害甚重，或少有蹉跌，则使伪境益有轻慢朝廷之意。

——宋·岳珂《金佗稡编》卷二十九

大致意思就是担心岳飞如出师不利，以后南宋将更被金国、伪齐肆意拿捏。为保此次行动万无一失，朝廷又命韩世忠屯兵泗上、刘光世出兵万人向陈、蔡进发，作为右翼，配合岳飞。

宰相朱胜非更特派使者，向岳飞道："凯旋之日，当封你为节度使。"

岳飞听罢，却愕然道："丞相缘何待我如此菲薄？"

然后，他郑重对使者道："请转告丞相，我岳飞可责以家国大义，却不能以利益驱使之，出征襄阳，乃是为社稷而战，难道得胜而不授节度使，我岳飞便坐视不管了吗？攻克一座城池升一次官，那是激励常人之法，却并非对待国士之道。"

为飞善辞丞相，岳飞可以义责，不可以利驱。襄阳之役，君事也，使讫事不授节，将坐视不为乎？拔一城而予一爵者，所以待众人，而非所以待国士也。

——宋·岳珂《金佗稡编》卷九

大军出征后，很快岳飞便以飞传之捷报，再次打消朝堂对其能否堪此重任的疑虑。

北伐首站乃湖北郢州（今湖北钟祥市），是伪齐最南端之要塞。城内兵马万余，且含少量精锐金兵，其伪齐守将名为班超，曾在北宋皇宫任过班直（皇帝保镖），悍勇非凡，号称万人敌，拒不接受岳飞之劝降。

而岳家军由于行军过快，朝廷的后勤供应暂未跟上，此时军粮只余两餐。

对方不降，己方缺粮，这可如何是好？

岳飞亲自跃马环城、侦察地形后，却气定神闲道："可矣，吾以翌日巳时破贼。"意思是说，明天上午破城没问题，两顿饭妥妥的。

次日破晓，战鼓雷鸣，岳家军发动总攻，战况激烈异常。岳飞亲临战场指挥，忽有一大块炮石飞坠于其面前，左右为之惊避，岳飞的脚却纹丝不动。

此战岳家军杀敌七千，一举破城，首战旗开得胜！

接下来，岳飞兵分两路，派部将张宪、徐庆进攻随州（今湖北随州），自己则亲率主力直扑襄阳。襄阳的伪齐守将，正是之前被岳飞打到投敌的原内寇李成。其闻听岳飞挥师北上，已然惊惧不已，又见郢州一日覆没，于是不等岳飞抵达，便仓皇而逃。岳家军就此兵不血刃，凯歌入襄阳。

与之同时，在猛将牛皋的助力下，随州之战歼敌五千，大获全胜。十六岁的岳云亦参与其中，其手持两杆八十斤的铁锥枪，勇冠三军，首登城头，诚可谓虎父无犬子也！

短短十二日内，岳家军势如破竹，连克三郡，震惊伪齐政权。

伪齐皇帝刘豫为保自己的傀儡宝座，急忙调遣兵力增援李成。到六月，李成率三十万伪齐大军反扑襄阳，列阵江畔，打算一雪前耻：以三十万对三万，挤也能把岳家军挤死了吧！

想到即将击败战神岳飞，李成全身的血液冲腾。

而岳飞在襄阳城头察看李成阵法后，不由得轻蔑一笑："这小子屡次败在我手中，我以为他亏吃多了，总会长点记性，没想到还是愚笨如故。步兵应布阵在险要之所，骑兵应列队于平旷之地，他却完全整反了，骑兵设江岸，步兵置平地，纵有几十万大军，又有何用！"

此贼屡败吾手，吾意其更事颇多，必差练习，今其疏暗如故。夫步卒之利在阻险，骑兵之利在平旷。成乃左列骑兵于江岸，右列步卒于平地，虽言有众十万，何能为！

语罢，岳飞举鞭下令，以己之长，击彼之短，对部将王贵道：

尔以长枪步卒，由成之右，击骑兵！

又对部将牛皋道：

尔以骑兵，由成之左，击步卒！

——宋·岳珂《金佗稡编》卷六

战事一开，果如岳飞所料——李成骑兵在狭窄江岸不能展开，被岳家军步兵用长枪刺至人仰马翻。平旷之地的步兵则被岳家军骑兵冲得七零八落，节节败退。最后，骑兵步兵互拥至江边，"人马俱溺，激水高丈余"，直被岳家军杀得横尸二十余里。李成大败而逃，从此再不敢觊觎襄阳分毫。

眼看伪齐败报频传，金国主子坐不住了，派出一员二等战将（史书上未见其姓，人称刘合孛堇），在陕西和河北集结数万"番、伪之兵"增援李成，务要阻止岳飞继续北上。

赵构获悉金人也掺和进来，哆嗦不已，立即向岳飞颁出诏令：

奉圣旨，令岳飞详度事机，审料敌情，唐、邓、信阳决可攻取，即行进兵；如未可攻，先次措置襄阳、随、郢如何防守，务在持重，终保成功。

——宋·岳珂《金佗稡编》续编卷六

大致意思是：唐州、邓州、信阳三城有把握拿下则打，没把握就麻溜撤军，收复襄阳、随州、郢州三块地盘已经很厉害啦，朕绝不会怪你的！

这其实已在明晃晃地暗示岳飞可见好就收，打道回府。

岳飞收札后，却不为所动，并立即上奏《画守襄阳等郡札子》，从敌军士气、民心所向等多角度论证乘胜追击、继续推进北伐之必要，以消除赵构顾虑：

> 臣窃观金贼、刘豫皆有可取之理。金贼累年之间，贪婪横逆，无所不至，今所爱惟金帛、子女，志已骄堕。刘豫僭臣贼子，虽以俭约结民，而人心终不忘宋德。攻讨之谋，正不宜缓。苟岁月迁延，使得修治城壁，添兵聚粮，而后取之，必倍费力。陛下渊谋远略，非臣所知，以臣自料，如及此时，以精兵二十万直捣中原，恢复故疆，民心效顺，诚易为力。此则国家长久之策也，在陛下睿断耳。
>
> ——宋·岳珂《金佗粹编》卷十

做出如上战略分析后，岳飞于七月兵分数路，出击邓州（今河南邓州市），大败金齐联军，俘虏敌将二百余人，夺战马二百多匹，兵仗数万，金将刘合孛堇只身逃走。伪齐守将高仲率残兵退守邓州城，企图负隅顽抗，岳家军冒着暴雨般的矢石，攀墙附垣，实施强攻。岳云再一次首登城头，勇不可挡，最终活捉伪齐守将高仲，攻克邓州。

此后，岳家军一鼓作气，在十日内依次攻克唐州（今河南唐河县）、信阳（今河南信阳市）。

至此，不足三月，襄阳六郡光复完毕。

岳飞的首次北伐全胜而终！

捷报传来，朝野轰动——能按预定计划收复已失之州郡，这是自南宋建国八年以来，还不曾有人立过的奇勋！

且襄阳六郡得复，具有重要之战略意义，南宋政府"从此控扼了长江上游，东可进援淮西，西可联结川陕，北可图复中原，南可屏蔽湖广"，恰如李纲所评：

> 遣大帅率师以镇之，如置子于局心，真所谓欲近四旁，莫如中央者也。既逼僭伪巢穴，贼有忌惮，必不敢窥伺东南。将来王师大举，收京东、西及陕西五路，又不敢出兵应援。则是以一路之兵，禁其四出，因利乘便，进取京师，乃扼其喉，拊其背，制其死命之策也。朝廷近拜岳飞为荆、襄招讨使，其计得矣。
>
> ——宋·岳珂《金佗稡编》卷六

对此巨大战果，赵构更是惊喜交加、难以置信：

> 朕素闻飞行军极有纪律，未知能破敌如此！

新任签书枢密院事胡松年回应道：

> 惟其有纪律，所以能破贼。若号令不明，士卒不整，方自治不暇，缓急安能成功？
>
> ——宋·李心传《建炎以来系年要录》卷七十九

此次北伐后，岳家军便既以军律严整、秋毫无犯获誉于民间，又以勇猛敢战、摧城陷地而著称于朝野。

　　当年八月，宋廷特授岳飞为清远军节度使，从二品，驻守鄂州，不久又晋升为"武昌县开国子"。

　　节度使号称"武人之极"，为宋朝最高武职，也是武将的最高荣誉。

　　岳飞乃南宋历史上第五个建节之人，前面建节的四位武将分别为刘光世、韩世忠、张俊和川陕名将吴玠。而因抗金战功而建节者，岳飞是第二人（第一人为吴玠），其战功目前虽暂时还次于吴玠，却已远超刘光世、韩世忠、张俊三人。况此时岳飞年仅三十一岁，几乎是两宋三百年间最为年轻的建节者。

　　建节封侯，人臣之极。

　　多少文武官吏，艳羡着岳飞的荣宠。曾经身为岳飞上级、如今却已被追平的大将张俊，更对此嫉恨非常。

　　是啊，千里做官只为财。

　　多少人穷其一生、汲汲而求的东西，岳飞而立之年就已尽收囊中，怎不令人眼红侧目？

　　可惜，荣华利禄实非岳飞所图。在巨大的个人荣耀面前，他想到的是襄阳六郡"久罹兵火""野无耕农，市无贩商，城郭隳废，邑屋荡尽"的凄凉之景，当地百姓"或被驱虏，或遭杀戮，甚为荒残"，而尚未收复的中原故土，又有多少百姓还在水深火热中挣扎呢？

　　与全面收复河山的修远征途相比，襄汉之役的成果岂足道哉！至于个人之功名利禄，则更如尘土一般，何值萦怀？！

　　回屯鄂州后，某日雨后天晴，风烟俱净，岳飞登临江边高楼，凭栏北望，思潮澎湃。那股时刻涌动在其内心、不可阻遏的爱国救民之热忱，终于化作一首气欲凌云、声可裂石的《满江红》喷薄而出：

怒发冲冠，凭阑处、潇潇雨歇。

抬望眼，仰天长啸，壮怀激烈。

三十功名尘与土，八千里路云和月。

莫等闲、白了少年头，空悲切。

靖康耻，犹未雪。臣子恨，何时灭。

驾长车，踏破贺兰山缺。

壮志饥餐胡虏肉，笑谈渴饮匈奴血。

待从头、收拾旧山河，朝天阙。

此词情调激昂，慷慨壮烈，上阕开头五句，起势突兀，破空而来，抒发了其渴望杀敌报国、救亡图存的强烈抱负与恢复山河、任重道远的自我鞭策之意，下阕则表达了国耻未雪、余恨无穷的忠愤之情及誓要驱逐敌虏、克复神州的雄心壮志。

全词碧血丹心，一腔忠义，既似战斗誓言，又如进军号角，撼人心魄，催人奋进，充分展示出岳飞不甘屈辱的英雄气概与破敌复仇的必胜信念。

千载后读之，犹凛凛有生气焉！

是啊，一心许国、夙夜筹谋抗金大业的岳飞，多么期望下次提兵北上的时机，能早一点，再早一点到来！

中原的父老乡亲们，等着我啊！

拾陆

再援淮西驱敌虏

卿夙有忧国爱君之心，可即日引道，兼程前来。朕非卿到，终不安心。

——岳珂《金佗稡编》卷一

破李成，复六郡，按计划，下一步该最后的土贼杨么上场，接受岳家军的锤击了。

可惜，计划没有变化快。

岳飞北伐的胜利，深深刺痛了金国当权派：一向只有我们打你们的份儿，哪有你们还手的道理？这一巴掌必须得找补回来，不然我侵略者的面子往哪搁？！

于是乎，当年秋天，恼羞成怒的金国出兵五万与伪齐合军，绕开岳飞守卫的中部防线（实在不敢和岳飞交手了），气势汹汹，直奔东线而来。东南战区有韩世忠、刘光世、张俊三支大军，总兵力五倍于岳家军，而金人却偏向此中来，足见他们对南宋东线的战斗力是何等之轻视！

无奈，金人所料不错——听闻敌军来袭，刘光世未战先遁，退守建康，将整个淮南西路拱手让敌。张俊也保持一贯风格，主张划江而守，说什么"当聚天下兵守平江（苏州），俟贼退，徐为之计"，并以"坠马伤臂"为由，退守常州，拒不渡江迎敌。宰相赵鼎看不下去，派人督张俊出兵，并奏请朝廷予以严惩，可高宗畏其兵力，再次姑息了事。唯韩世忠军在扬州附近与金人交锋，三战三捷，然终究独木难支，不得不退避镇江。

这下好了，三军全撤，只能凭长江天险御敌了。

关键时刻，李纲上奏建言道，应急诏岳飞，取道襄阳，进击河南，攻打伪齐老巢开封周边，则敌军必回身自救，此乃"围魏救赵"之理也。参知政事沈与求也与李纲不谋而合，对高宗道：

> 诸将之兵，分屯江岸，而敌骑逡巡淮甸，恐久或生变。当遣岳飞自上流取间道，乘虚击之，敌骑必有反顾之患。
>
> ——宋·李心传《建炎以来系年要录》卷八十一

而身在东线、已慌如热锅蚂蚁的赵构为保自身安危，是绝不肯冒丝毫风险的（万一岳飞去打敌军老巢，伪齐不肯回救呢，朕岂不危矣？！），于是他急下手诏，命岳飞全军速来东线救援：

> 近来淮上探报紧急，朕甚忧之，已降指挥，督卿全军东下。卿夙有忧国爱君之心，可即日引道，兼程前来。朕非卿到，终不安心。卿宜悉之。
>
> ——宋·岳珂《金佗稡编》卷一

啧啧，看这字里行间的焦灼与恐惧，基本就是扯着嗓子在喊："岳飞爱卿，速来救朕！你不来，我真的很没有安全感啊！"

真是天下之大，无奇不有。

三大干将，拥兵十五万之众，却还要喊兵力仅三万的岳飞来救。岳飞收到手诏，哭笑不得：好个"督卿全军东下"，怎么的赵家官人，光想着救东线，中线不要了？！

最后，岳飞留一半兵力防守襄汉，派部下徐庆和牛皋率两千骑兵为先锋，疾驰淮西救援，自己则亲率另外一半大军，随后而往。

当时，东线战事最为激烈之处在庐州（今合肥市），两三个月来，刘光世不停派送急函给庐州知州仇悆，令他焚烧粮草，弃守庐州。仇悆拒绝后，刘光世竟派统制张琦率几千兵士前来庐州，企图以武力劫持仇悆弃城，仇悆大怒，呵斥道："若辈无守土责，吾当以死殉国！寇未至而逃，人何赖焉！"张琦为仇悆的大义所慑，羞赧撤兵。

因刘光世军撤出庐州，仇悆仅剩几百守军及两千战斗力薄弱的乡兵，几次击退敌军后，伪齐增兵而来，兀术更亲为后继，庐州形势岌岌可危。

当仇悆认为自己必将殉国之际，岳飞部将徐庆和牛皋所率的先锋军及时赶来，并马不停蹄，即刻出城迎敌。金齐联军看到迎风招展的岳字旗，纷纷傻眼：不都避开中线了嘛，怎么这里也有岳家军？！

趁敌人军心大乱之际，徐庆和牛皋率部直贯敌阵，奋勇拼杀，最后活捉敌军近百，夺战马八十多匹，追奔三十余宋里，方鸣金收兵。

翌日，岳飞率后援而至，再次大破敌阵。

兀术见渡江无望，且天寒地冻，粮饷不继，汉族签军及女真兵均叫苦连天，士气低迷，只得慌乱撤军。伪齐太子刘麟更唯恐遭岳家军追击，抛弃全部辎重，以昼夜三百里的超高速溃逃而去。

刘光世、张俊见敌军后撤，有机可乘，立马从躺尸状态切换为满血复活：一个不躲了，另一个胳膊也续上了（之前张俊说自己坠马伤臂），纷纷上线渡江，追击小股残敌，分羹战功。刘光世部下王德还算有羞耻之心，抵达庐州后，对部下道：

当事急时，吾属无一人渡江击贼。今事平方至，何面目见仇公（庐州守将仇念）耶！

——元·脱脱《宋史》卷三百九十九

这是岳飞第二次孤军援淮西且大获全胜，此战后宋廷将岳飞晋升为镇宁、崇信军节度使，授两镇节度使在宋代乃"希阔之典"。

退敌后，岳飞曾率军暂驻安徽池州休整，戎马倥偬间，留下一首清新明快、闲情旁逸的山水诗《池州翠微亭》：

经年尘土满征衣，特特寻芳上翠微。
好水好山看不足，马蹄催趁月明归。

是啊，祖国河山如此奇秀，怎能不以热血保卫之？

可惜，岳飞现下并无时间对此江山美景细赏慢看。来敌已御，内贼当剿，岳家军又将奔赴新的战场。

拾柒

洗兵湖湘破杨么

非卿威名冠世，忠略济时，先声所临，人自
信服，则何以平积年啸聚之党，于旬朝指顾
之间。

——岳珂《金佗稡编》卷一

绍兴五年（1135）三月，岳飞奉命从池州发兵，至湖南洞庭湖平定
杨么之乱。

杨么原为土贼首领钟相的部下，钟相乃武陵县的一名巫师，自称
"有神通与天通"，有割据称霸之野心，并以"等贵贱，均贫富"的政治
口号，吸引众多底层百姓追随。势大后，钟相自称楚王，改元天载，围
绕洞庭湖滨，建立起割据政权。此后，其欲望快速膨胀，四处劫掠行凶：

焚官府、城市……寺观、神庙及豪右之家，杀官吏、儒生、僧道、巫医、卜祝及有仇隙之人。

——宋·徐梦莘《三朝北盟会编》卷一百三十七

后来，钟相在与盗匪孔彦舟的地盘抢夺战中失败被杀，余部转由其子钟子义和杨么领导。自立为"大圣天王"的杨么能力更强，是叛军的实质主导者，其在洞庭湖周边地区砍伐几万棵树木，大造车船及水寨，很快建起一支实力强悍的水军。

至绍兴三年（1133），杨么军已占据洞庭湖区域七州十九县，成为游离于南宋政权之外规模最大的割据武装，并意图与伪齐联手灭宋，两分江南。地方政府对其围剿多年，可叛军凭借当地重湖之险，实行"陆耕水战"之策，"官军陆袭则入湖，水攻则登岸"，神出鬼没，难以对付。宋方除不断损兵折将外，始终未能动其根本。

彰显岳飞军事能力的时刻，又一次到来了。

绍兴五年三月，在其他武将对洞庭湖之乱装聋作哑、避之不及的情况下，岳飞自愿膺此重任，从池州发兵，前往潭州。宋朝向来有文臣督军之惯例，此次特命右相、兼知枢密院事张浚同往。安排如此重量级的文臣都督诸路军马，足见杨么叛军对南宋危害之大：

雍遏漕运，格塞形势，为腹心害，不先去之，无以立国。

——宋·李心传《建炎以来系年要录》卷八十六

岳家军多数士卒"并系西北之人，不习水战"，故很多人认为，岳飞此行一举平贼的希望，可说渺茫。而岳飞却迎难而上，成竹在胸：

兵亦何常，惟用之如何耳。今国势如此，而心腹之忧未除，岂臣子辞难时耶！

——宋·岳珂《鄂王行实编年》卷之三

尚在出征路上，岳飞就初步谋划好了破敌之策，总结来说就是：

抚剿并重，分化瓦解，促起内讧，以敌制敌。

五月，岳飞抵达洞庭湖地区后，首先对敌军水寨进行经济物资封锁，"扼贼要路，断其粮道，严行禁止博易，使贼乏食"。待其坐吃山空后，则派人前往招安，采取"且招且捕之计"。早在出发前，岳飞就向朝廷申请了"金字牌、旗、榜十副，充招安使用"，可谓不打无准备之仗。

有杨么军将领黄佐来降，岳飞对其以礼相待，并即刻保奏官职，给予丰厚赏赐，甚至还单骑入其营地巡视，以示信任。黄佐由是感激涕零，回返水寨招安，不几日，即招降两千余人。

对俘虏之士卒，岳飞亦全部放归，并分发钱财，令他们去市场采买物资、供养家中老小，并暗中提前安排市场以较低物价出售，差价由官府赔偿。众俘虏回返水寨后，纷纷口诵岳飞之德，叛军因此人心浮动，斗志锐减。

用兵之道，攻心为上。

这一招分化瓦解反复进行两个多月后，岳飞见效用已到，正准备对剩余拒不投降的水寨发动攻击，随同督战的右相张浚却对其道：

浚视此寇，阻险穷绝，殆未有可投之隙。朝廷方召浚归，议防秋。

盖且罢兵，规划上流，俟来岁徐议之。

——宋·岳珂《鄂王行实编年》卷之三

意思是，他觉得杨幺军防守严密，宋军无机可乘。朝廷又下诏命，令他回朝筹划防御金军秋天南下之计，不如暂且罢兵，来年再议。

岳飞却承诺道：何待来年？八日之内，必破此贼！

张浚听罢，下巴掉到了胸膛口：地方政府忙活多少年没办成的事儿，你竟敢如此托大？！

岳飞微微一笑，解释道：

湖寇之巢，艰险莫测，舟师水战，我短彼长，入其巢而无乡导，以所短而犯所长，此成功所以难也。若因敌人之将，用敌人之兵，夺其手足之助，离其腹心之援，使桀黠孤立，而后以王师乘之，覆亡犹反手耳！

——宋·岳珂《鄂王行实编年》

之后，岳飞又派幕僚黄纵，去招降叛军中最骁勇的头领杨钦。但杨钦仍借故推托，未明确作出投降态度。黄纵看到其水寨皆为木屋竹舍，鳞次栉比，易于火攻，便灵机一动，对杨钦道：岳飞已在鼎州城头备好强弩火箭，设漏壶，计时以待，若过时不降，则令出箭飞，将其水寨焚烧一空。

杨钦听罢，大为惊骇，遂率全寨老小万余人及战船四百余艘、牛五百多头、马四十多匹，列队出降。

岳飞闻讯，亲去接迎、视察投降队伍。而后立即申报都督张浚，按之前投降将领的先例，授杨钦武义大夫之职，还将高宗亲赐的金束带和战袍也转赠于他，并派属下设宴招待。杨钦获此礼遇，感动至极，发誓要尽己之能报答岳飞，很快为岳飞劝降了多个水寨首领。

但杨么和钟子义仍凭地利，拒不投降。岳飞也并不着恼，转而令士兵们决堤放水，水流较浅后，又从江河上游投放大量草木，堵塞水道，再以孙子兵法中"怒而挠之"之策，令士兵乘小舟前往各寨谩骂挑战，诱敌出营。

杨么和钟子义果被激怒，引军出战。

他们的车船体型雄伟，可达三层楼高，能载千人，船身两边置车轮，用脚踏车，可"以轮激水，疾驶如羽"。船上还装有"拍竿"，长十余丈，一头挂巨石，另一头系在辘轳上。过往与官军交战时，每遇对方低矮战船，就放杆将之击碎。

车船水战，自是湖水越深越好，而今湖水被泄，水位低浅，车船行动困难，加之车轮被投放的草木缠绕，战舰进退不得，失去威力。换小船突围，各港口又被岳家军提前设伏，杨么和钟子义走投无路，终被擒拿诛杀。

从岳家军发动攻击，到湖中最后一座水寨被攻克，前后正好八天。

持续六年的杨么之乱，就此平定！

张浚由此对岳飞钦佩至五体投地：

岳侯殆神算也！

——宋·岳珂《鄂王行实编年》

此战岳飞俘获叛军及家属约二十万人，其下属牛皋提议斩杀部分俘虏，以儆效尤：

若不将其手下徒党少加剿杀，何以示我军威？欲乞略行洗荡，使后人知所怕惧。

岳飞却坚决不同意：

杨么之徒，本是村民，先被钟相以妖怪诳惑……其实只是苟全性命，聚众逃生。今既诸寨出降，又渠魁杨么已被显诛，其余徒党，并是国家赤子，杀之岂不伤恩，有何利益？况不战而屈人之兵，而全军为上，自是兵家所贵。若屠戮斩，不是好官。但得大事已了，仰副朝廷好生之意，上宽圣君贤相之忧，则自家门不负重责，于职事亦自无惭也。

——宋·岳珂《金佗稡编》续编卷二十六

说罢，又连声喊道："不得杀！不得杀！"岳飞从全数俘虏中选出五六万精壮士卒编入岳家军，以壮大抗金力量；其余老弱者皆发放米粮，放其归田务农。

岳飞此举也利于塑造高宗的"仁君"之名，故而，赵构亦在手诏中给予极大肯定：

非卿威名冠世，忠略济时，先声所临，人自信服，则何以平积年啸聚之党，于旬朝指顾之间。不烦诛夷，坐获嘉靖，使朕恩威兼畅，厥功茂焉！

——宋·岳珂《金佗稡编》卷一

岳飞处理完善后事宜、回屯鄂州前，其幕僚黄纵以诸葛亮七擒孟获之典故向其建议道：

今日不血刃而平大寇，散匿于湖山者亦多矣。贼见德而未见威，甚惧其反复也，宜耀兵振旅而归。

这个提议，其实和牛皋请求剿杀部分俘虏的目的乃为一致，都是立兵威、防止叛乱再起。但黄纵之议无须流血伤命，故而岳飞允之，撤离前在鼎州一带横刀立马、大举阅兵：

军律严整，旗帜精明，观者无不咨嗟叹息。

——宋·岳珂《金佗稡编》续编卷二十七

自此，湖湘一带再未出现类似杨幺叛军规模的动乱。岳飞绝不滥杀之举，也得到当地民众"人心之所感仰"。即使数十年后，当地人听到岳飞之官称，仍"必有手加额"，以示感戴之意。

烦扰南宋朝廷累年的心腹大患，被岳飞在区区两个月间于谈笑间解决，整个长江防线由此贯通，举国上下一片嘉叹。为酬此功，朝廷将岳飞擢升为武胜、定国军节度使，荆湖北路、京西南路宣抚副使。

"武胜军""定国军"均为节镇之名，前文提及，节度使已为"武人之极"，而如岳飞这般"移镇"的节度使，则代表荣耀及恩典再进一步。

但与这些名利相比，更令岳飞兴奋的是，在高宗给他的亲笔嘉奖手诏中，有这么一句：

腹心之患既除，进取之图可议。

——宋·岳珂《金佗稡编》卷一

岳家军期待已久的再度北伐之机，终于到来。

屡承移文，垂示捷音，十馀年来所未曾有，
良用欣快。

——李纲《梁谿全集》卷一百二十八

二次北伐怅然归

　　自赵构登基，十年间，朝廷不断外御内讨，南宋的军事实力逐步走强，政权也渐趋稳定。

　　民间对恢复中原、迎回二帝、洗雪国耻的呼声越来越高。有位叫黄中的进士，甚至在科考卷中毫不留情地指责高宗道：

　　人生天地之间，如白驹之过隙。所谓十年者，岂可多得？……然臣恐陛下有思念忧惧之言，而未有思念忧惧之诚心也。

——宋·李心传《建炎以来系年要录》卷九十三

有次，高宗假惺惺询问大臣张戒："几时得见中原？"

张戒对曰："古人居安思危，陛下居危思安。"

黄中、张戒之语，可谓一语中的地道出了高宗言行不一的要害。为笼络人心，赵构不得不适时作出抗金姿态。

绍兴六年（1136），针对二次北伐，南宋政府措置如下：岳飞军因吸纳了杨么叛军的精壮，人数由三万增至十万，是目前南宋军队中兵力最多、素质最好，也是金国和伪齐最为畏惧的一支队伍，故而作为主力军，从中线出击，挺进中原。韩世忠自东线侧翼助攻，张俊充当后援，刘光世的任务最简单，负责招降。

所谓"能者劳而智者忧，无能者无所求"——想打能打的上前线，混吃等死的在后面当啦啦队。

这部署，没毛病。

有毛病的，是宋高宗的反应。

北伐之前，岳飞已做了大量联结河朔忠义民兵的工作，与河北相州一带的关隘、渡口、舵手，甚至是食宿店、成衣铺、彩帛铺等均已建立联络，用岳飞自己的话说就是"相州之众，尽结之矣"。北伐出击后，沦陷区民众欢呼雀跃、争先恐后为岳家军当向导，供应车船、提供敌军情报等。

故而，在短短一个月内，岳家军攻城略地，所向披靡——西克陕西一带的商州全境和虢州（今河南灵宝市至栾川县一带）的部分地区，东取伊阳（河南汝阳县），一路缴获粮食十五万石（多数赈济给了灾民），降众数万，还夺取伪齐马监一个，得战马万余匹。

商、虢、伊阳等地，分布黄河两岸，山林纵横，是洛阳西面的险要之地，也是两河忠义民兵活动的根据地之一。这一区域的收复，东可进取洛阳、开封，西可经营关中、直捣幽燕，战略意义重大。

第一次北伐，收复襄阳六郡，虽为南宋首次主动出击，但实质只是夺回一年前的失地，以弥补长江防线所出现的巨大缺口。而此番二次北伐，深入陕西，河南的商、洛地区，几乎将伪齐统治区劈为两半，是南宋立国十年后，初次堂堂正正的大规模反攻。

李纲接到捷报后，兴奋地写信给岳飞道：

屡承移文，垂示捷音，十馀年来所未曾有，良用欣快……所愿上体眷注，乘此机会，早建不世之勋，辅成中兴之业，深所望于左右也。

——宋·李纲《梁谿全集》卷一百二十八

宰相张浚也感欢欣鼓舞，对高宗道：岳飞措置颇大，今已至伊、洛，想必已与太行山山寨中的广大义兵相联结，继续深入北伐之心甚为坚定！

可接二连三的捷报，传到高宗手中，他却表现得十分冷淡：

岳飞之捷固可喜……然兵家不虑胜惟虑败尔，万一小跌，不知如何？更宜熟虑。

甚至，还怀疑岳飞虚报战绩：

岳飞之捷，兵家不无缘饰，宜通书细问。非吝赏典，欲得措置之方尔。

——宋·李心传《建炎以来系年要录》卷一百五

当岳飞攻克蔡州（今河南省汝南县），上表请求直渡黄河、收复北岸金军占领区时，赵构更急如星火般地下诏，表示万万不可！不仅如此，他还反手就给受阻后撤的韩世忠、屯兵不动的刘光世、张俊逐一点赞，加官晋爵，赏赐多多，并称赞他们"进退合宜，不失时机"。

这就奇了怪了，无功者不罚反赏，有功者冷眼以对，是何道理？！

事出反常，必有蹊跷。

赵构的这一通谜之操作，说到底，是因他本意并不想大举北伐，更不愿接回被俘的徽、钦二帝。但随着南宋军事实力不断走强，国人北伐的呼声一浪高过一浪，为安抚民意，他又不得不做做样子，以示自己父兄之仇未忘。

不想北伐，又必须北伐。

那么，如何平息民意的同时又不至于惹恼金人，对赵构来说，是个难度不小的技术活儿。所以，每次双方一开打，他便焦虑如蚁团团转，败了固然不高兴，胜了也是顾虑重重：打不过人家，自己就会如父兄一样，成为金国阶下囚。可打得太猛，真把父兄接回来了，自己这皇位可还坐得稳？更有甚者，万一武将趁势坐大，自己又能否镇得住？！

最后，思来想去，他发现最完美的情形，就是小胜即止——既可免自己重蹈父兄覆辙，又能向金人炫耀一下武力值，争取早日和谈成功、给金国当儿皇帝，从此偃旗息鼓合家欢。

是的，只有和谈，才能万无一失地保证自己在这半壁残山剩水中继续寻欢作乐、作威作福。至于父兄和北方沦陷区的人民，对不住，我这泥菩萨过河，自身都难保，也就管不了那么多了！

那么，显而易见，在这样的思想指导下，岳飞的进一步军事计划，根本不可能得到赵构的任何支持。

绍兴六年九月，岳飞的二次北伐终因孤军无援、极度缺粮被迫中断，渡河北上的壮志成空，岳飞怅然返回鄂州。

岳飞沉毅而有谋，疏通而善断。

——岳珂《金佗稡编》卷二

三次北伐势如虹

在岳飞的两次北伐中，伪齐政权每每不堪一击、败退连连，这令金国十分怀疑设立此傀儡政权的必要性。

深感儿皇帝之位摇摇欲坠的刘豫，打算孤注一掷，强征乡兵二十万，号称七十万，在岳飞退军后，兵分三路，直奔淮西而去。因淮西守将乃为张俊和刘光世——碰瓷，当然要找软的碰。此外，刘豫还派遣乡兵，身穿"胡服"，在河南各州县招摇往来，谎称金兵已至，以此恫吓宋军。

果不其然，张俊和刘光世听闻伪齐来攻，仨胆吓掉两个半，争先恐后要求撤往长江以南。最后，在宰相张浚"若有一人渡江，即斩以徇！"的铁令下，才硬起头皮迎战。

但鉴于这哥俩儿过往战绩实在太差，赵构怎敢将身家性命托付他们？于是不顾张浚"岳飞一动，则襄、汉有警，复何所制"的劝阻，再一次急召岳飞提兵东下，急援淮西——"催促全军人马前去江、池州"，"星夜兼程""赴此期会"。

是的，大家没看错，只要淮西有军情，必召岳飞（第三次了）！

当时，岳飞正患严重目疾，见光则刺痛难忍。岳飞是北方人，本就不适应南方之卑潮湿热，过往几年，又多在夏日酷暑中用兵打仗，行经江泽密布的瘴疠之地，因而得此畏光、刺痛之眼疾；严重时，房间窗户都需重帘遮蔽，不透一丝光亮。赵构唯恐岳飞以此为由不来，特意在手诏中强调：

> 想卿不以微疾，遂忘国事。

> ——宋·岳珂《金佗粹编》卷一

呵呵，好一个国事为重，正中岳飞软肋，不服不行。

当岳飞忍目疾、冒严寒，率军赶到半路时，由于刘豫纠结的乌合之众战斗力太差，淮西战事已定。赵构结结实实松了口气后，对空跑一趟的岳飞口头奖励一番，令其回返鄂州，并沾沾自喜道：

> 刘麟（刘豫之子）败北，朕不足喜；而诸将知尊朝廷，为可喜也。

> ——宋·岳珂《金佗粹编》卷七

于赵构而言，岳飞是否空跑一趟毫不重要，重要的是借此验证了自身皇权的至高无上与绝对权威，能让诸将令出法随，言听计从！

可惜，螳螂捕蝉，黄雀在后。

金人见岳飞率军东去，中线空虚，以为有机可乘，迅速发兵数万，与伪齐合军，从西到东，兵分三路，全线攻击岳家军的整个防区——商州一路，金伪联军合计万余人。虢州一路，兵情更盛，有金兵一万五千多人、马三千多匹，伪齐军两万多人、马两千多匹。邓州一路的敌军虽无确切数量，但史载"贼势厚重""贼马众多"，兵力当不少于虢州一路。

而岳家军的前沿兵力，大部分被"勾抽"东援淮西，一时间防守薄弱，军情告急！

岳飞早料到金齐可能对中线乘虚而入，接到高宗不需再向东进的诏令后，便以星火之速回师鄂州，结果中途便收到前沿各地的飞骑警报。抵达驻地后，岳飞更席不暇暖，"目疾虽昏痛愈甚，深惟国事之重"，星夜亲率两万精锐，挥师渡江！

如此光速回援，大出金齐联军意料，当他们看到大军挥舞着岳字旗、蜂拥而来时，震惊到目瞪口呆，内心戏大致如下：苍天啊！想在岳飞防区捡个便宜、打场胜仗，就这么难吗？他究竟是人是神啊？！

彼时，李纲正任江南西路安抚使，其辖区与襄汉唇齿相依。他见金齐联军"兵势厚重，谋虑非浅"，深恐岳家军孤军难以独扛不测之虏，请求朝廷急派刘光世遣发兵马，前来策应。担心刘光世故技重施、虚与委蛇磨洋工，李纲还特意致信张浚，望他能亲临九江督战。

然而，岳飞再次用超强实力证明，李纲的担心又属多余。当李纲上奏朝廷时，岳家军已击退三路强敌，并全面转入反攻，顺势发起第三次北伐！

此时距岳飞二次北伐结束，尚不足一个月。

反攻至蔡州城下时，岳飞见城前壕沟深阔，城壁坚固，城上不见守军，却插有几面黑旗。岳飞亲做试探性进攻，对方黑旗便相应而动，调出一队敌军登城抵御，岳家军后退，敌军便也下城。岳飞见状，断定城内必有埋伏，而岳家军仅余十日军粮，无法与之久持，遂令班师。

孙子兵法有云："合于利而动，不合于利而止。"

一军统帅，进退行止，每个决策都须慎而又慎，因为一旦判断失误，很可能便要以成千上万条人命或失地丧城为代价——"亡国不可以复存，死者不可以复生，故明君慎之，良将警之，此安国全军之道也。"

果不出岳飞所料，伪齐对蔡州伏以十万重兵，遣以十员大将，意欲一举围歼岳家军，鼓行东下，直捣鄂州！见岳飞识破圈套，撤军而去，刘豫急令十大将追击。

岳飞则将计就计，以其人之道还治其人之身，命部将董先设伏兵于山隘密林中，敌军追来后，董先则单枪匹马、驰突而出，立于河桥之上。伪齐李成见状，派兵擒之，但见董先令旗一挥，旋即有一队轻骑从密林中驰出应战，杀退伪齐军后，则重返林中；敌军再来，则林中人马复又驰出。

如此交锋数番后，李成拿不准岳飞葫芦里卖的什么药，惊疑不定，进退难择之际，忽听杀声四起，但见千军万马如铺霜涌雪，从群山中奔泻而出。李成登时屁滚尿流，率部逃窜，岳家军渡河追击三十余里方止，擒获伪齐将领数十人，俘虏兵士数千，得战马三千余匹。

岳飞将伪齐武将押付行在，对普通士卒俘虏则宽以待之，发放钱财，释放回乡，并因势利导、以国仇家恨感化众人：

汝皆中原百姓，国家赤子也，不幸为刘豫驱而至此。今释汝，见中原之民，悉告以朝廷恩德。俟大军前进恢复，各率豪杰，来应官军！

——宋·岳珂《金佗续编》卷二十七

俘虏们感其恩德，欢呼而去，回到伪齐地界后，四处宣扬岳飞及宋廷如何宽厚爱民，成功起到瓦解伪齐军心之成效，为岳飞日后第四次北伐起到良好助力。

因击退伪齐之功，朝廷将岳飞之官阶由检校少保擢为太尉，军职从宣抚副使升为宣抚使，并在升迁制词中赞其曰：

岳飞沉毅而有谋，疏通而善断。威加敌人而其志方厉，名著甲令而其心愈刚。有虑而后会之机，有誓不俱生之勇。

——宋·岳珂《金佗续编》卷二

三次北伐，连战连捷，岳家军群情振奋，气势如虹，"士闻金鼓而乐奋，人怀忠孝而易从"，斗志昂扬地期待着下一次挺进中原、收复河山的机遇尽早到来。

可接下来，却一连发生三件大事，令岳飞和赵构的君臣关系急剧恶化，也为第四次北伐功败垂成埋下伏笔。

宋所忌者，宣力之武臣耳，非偷生邀宠之文士也。

——王夫之《宋论》

淮西兵变生嫌隙

第一件事：淮西兵变。

绍兴七年（1137），因刘光世所部军纪不良且素乏战功，朝廷决意收编其军队。

刘光世所掌的淮西军，濒临长江，负有屏藩行在的重任，事关赵构之身家性命。思来想去，赵构认为唯有将此军交付岳飞，方能保自己的小朝廷无忧江南。恰逢此时，金朝又通报了徽宗死讯，朝堂上下，复仇雪耻的声浪再起。

高宗一则为自身安全着想，二则身为人子，听闻父丧总得有所表示，故此亲召岳飞至行在，授意由其接管刘光世所部，并郑重承诺：

> 中兴之事，朕一以委卿。除张俊、韩世忠不受节制外，其余并受卿节制。

——宋·岳珂《金佗续编》卷二十七

在高宗召见岳飞的次日，张浚主持的诸路军事都督府，也奉旨令岳飞收管淮西军：

> 淮西宣抚刘少保（光世）下官兵等，共五万二千三百一十二人，马三千一十九匹，须至指挥。

————宋·岳珂《金佗续编》卷八

其后，高宗又亲降手诏予刘光世手下的大将王德、郦琼，命他们准备接受岳飞号令：

> 朕惟兵家之事，势合则雄。卿等久各宣劳，朕所眷倚。今委岳飞尽护卿等，盖将雪国家之耻，拯海内之穷。天意昭然，时不可失，所宜同心协力，勉赴功名，行赏答勋，当从优厚。听飞号令，如朕亲行，倘违斯言，邦有常宪。付王德等。御押。

——宋·岳珂《金佗稡编》卷一

将淮西军五万之众并入岳家军，则岳飞兵力可达十五万左右，为南宋诸军之冠。"除张俊、韩世忠不受节制外，其余并受卿节制"，则表示岳飞还有权调遣川陕名将吴玠的行营右护军六万八千余人，杨沂中掌管的殿前司军及侍卫马军、步军四万余人。这意味着，当进入战时状态，岳飞可调遣的总兵力可达二十五万人，是全国兵力的七分之五左右。

这在向来重文轻武的宋朝，可谓绝无仅有之事。

可以想象，向以抗金救国为人生第一要务的岳飞，获悉此情，该是何等之兴奋与激动！深感恢复中原的宏图大计有了进一步把握，万分欣喜之下，他提笔挥毫，将自己多年来日夜筹谋的收复之略，尽诉纸端，写就一篇著名的《乞出师札子》，上呈高宗：

臣伏自国家变故以来，起于白屋，实怀捐躯报国、雪复雠耻之心，幸凭社稷威灵，前后粗立薄效。而陛下录臣微劳，擢自布衣，曾未十年，官至太尉，品秩比三公，恩数视二府，又增重使名，宣抚诸路。臣一介贱微，宠荣超躐，有逾涯分；今者又蒙益臣军马，使济恢图。臣实何人，误辱神圣之知如此，敢不昼度夜思，以图报称。

臣揣敌情，所以立刘豫于河南，而付之齐、秦之地，盖欲荼毒中原生灵，以中国而攻中国。粘罕因得休兵养马，观衅乘隙，包藏不浅。臣不及此时禀陛下睿算妙略，以伐其谋，使刘豫父子隔绝，五路叛将还归，两河故地渐复，则金贼诡计日生，它时浸益难图。

然臣愚欲望陛下假臣日月，勿复拘臣淹速，使敌莫测臣举措。万一得便可入，则提兵直趋京、洛，据河阳、陕府、潼关，以号召五路叛将，则刘豫必舍汴都，而走河北，京畿、陕右可以尽复。至于京东诸郡，陛下付之韩世忠、张俊，亦可便下。臣然后分兵浚、滑，经略两河，刘豫父子断可成擒。如此则大辽有可立之形，金贼有破灭之理，四夷可以平定，为陛下社稷长久无穷之计，实在此举。

假令汝、颍、陈、蔡坚壁清野，商於、虢略分屯要害，进或无粮可因，攻或难于馈运，臣须敛兵，还保上流。贼定追袭而南，臣俟其来，当率诸将或铥其锐，或待其疲。贼利速战，不得所欲，势必复还。臣当设伏，邀其归路，小入必小胜，大入则大胜，然后徐谋再举。设若贼见上流进兵，并力来侵淮上，或分兵攻犯四川，臣即长驱，捣其巢穴。贼困于奔命，势穷力殚，纵今年未尽平珍，来岁必得所欲。亦不过二三年间，可以尽复故地。陛下还归旧京，或进都襄阳、关中，唯陛下所择也。

臣闻兴师十万，日费千金，邦内骚动七十万家，此岂细事。然古者命将出师，民不再役，粮不再籍，盖虑周而用足也。今臣部曲远在上流，去朝廷数千里，平时每有粮食不足之忧。是以去秋臣兵深入陕、洛，而在寨卒伍有饥饿闪走，故臣急还，不遂前功。致使贼地陷伪忠义之人旋被屠杀，皆臣之罪。今日唯赖陛下戒敕有司，广为储备，俾臣得一意静虑，不为兵食乱其方寸，则谋定计审，仰遵陛下成算，必能济此大事也。

异时迎还太上皇帝、宁德皇后梓宫，奉邀天眷归国，使宗庙再安，万姓同欢，陛下高枕无北顾忧，臣之志愿毕矣。然后乞身还田里，此臣夙昔所自许者。伏惟陛下恕臣狂易，臣无任战汗。取进止。

——宋·岳珂《金佗粹编》卷十一

在奏章中，岳飞首先致谢朝廷的知遇之恩，而后详细分析了目前的敌我态势及军心、民情之况，备述了极为周密的全盘作战计划，并表示只要朝廷支持其出兵且保证军粮供应，则其有十足之信心可在两三年间"尽复故地"！

赵构读罢奏章，一时为岳飞之热忱与激情所感发，亦为其思虑周全、面面俱到之规划所折服，亲笔批示如下：

览奏，事理明甚，有臣如此，顾复何忧。进止之机，朕不中制。惟敕诸将广布宽恩，无或轻杀，拂朕至意。

——宋·岳珂《金佗粹编》续编卷一

可惜，合军之略不过是赵构一时脑热的轻率举动，未经深思熟虑。冷静下来后，本就对武将专权十分忌惮的赵构，在各有居心的张浚（企图将淮西军归于其所掌管的都督府名下）、秦桧（破坏抗金是其身为卖国贼的分内之事）的蛊惑下，很快便无耻变卦——收回由岳飞接管刘光世军的成命，改为移归都督府。

金口玉言，却出尔反尔，军国大事，竟视同儿戏。

满怀信心期待着军队扩充、不日提兵北上的岳飞，闻知朝廷变卦，犹如当头一盆冷水，直浇而下。向张浚确认是否属实时，张浚却揣着明白装糊涂，说朝廷将安排文官吕祉为都督府参谋、统领刘光世军，并提拔王德为都统制、协助治军，问岳飞如此安排妥当否。

呵呵，真是青天白日，咄咄怪事。

明明皇帝亲召岳飞，言之凿凿吐露合军之计，都督府也已出具札子，明令岳飞收掌刘光世军。言犹在耳、墨痕未干，而张浚此时此刻所言所行，竟仿佛令岳飞统率淮西军之事从未发生过！

对此，岳飞强压心中怒火，有理有据道：王德与郦琼（均为刘光世军中部将）素来不相上下、互为制衡，提拔王德，郦琼必然不服，恐生事端。而吕祉身为书生，不习军旅，恐难以服其众……淮西一军多有曾为盗贼流寇者，人员复杂，难以驯管，如处置不当，则变乱反掌间耳！

张浚听罢，又问委任武将张俊、杨沂中如何。

岳飞率直以答，认为张俊为人"暴而寡谋"，王德、郦琼素所不服；杨沂中则资历、威望皆浅，不足以驾驭淮西军。

张浚听罢，忿忿然道：浚固知非太尉不可！

——怎么的，就只有你岳太尉镇得住呗！

岳飞听罢，痛愤已极，自己的确希冀合兵，但目的是为光复故土、重振大宋。结果，高宗君臣却深惧自己兵力过盛，难以制衡。如今张浚所发诸问，自己均乃据实以答、并无私心，却又被误解为意欲扩兵自雄。

思及此处，岳飞禁不住愤然回复张浚道：

> 都督以正问，飞不敢不尽其愚，然岂以得兵为计耶！
>
> ——宋·岳珂《金佗稡编》卷七

——你郑重相问，我岳飞怎能不秉公以答、尽抒愚见，岂是为了自己得兵！

出于对高宗君臣出尔反尔，以致抗金大业不能顺利推动的巨大失落，以及自己耿耿忠心却被误解防备的激烈愤慨，岳飞当即强硬上奏，请罢军务：皇帝根本就无北伐之心，对我亦不能全然信任，中原恢复无望，兵权握之何用哉？！

在极度的痛苦和失望下，岳飞不等高宗答复，就直奔庐山，为母守丧去了。

此后刘光世一军的事态发展，果如岳飞所料——朝廷任王德为都统制、郦琼为副都统制后，郦琼不服，二人剑拔弩张，交章弹劾，气氛极为紧张。前去监军的文臣吕祉又鄙薄武将，对淮西军将佐倨傲无礼，并上奏朝廷建议罢免郦琼军权，不料竟被书吏泄密给郦琼。郦琼为自保，当即发动兵变，杀死吕祉，裹挟全军，叛逃伪齐！

就这样，明明可拨给岳飞一并抗金的五万大军，竟生生让宋高宗君臣拱手送入敌营。

诚可谓成事不足，败事有余。

到了此时，震惊无措的赵构居然又想起岳飞来，亲发手诏，可怜巴巴道：听说郦琼跟你是同乡，又素来佩服你的威望，你能不能写封信，让他带大军回来啊？并惺惺作态承诺，只要郦琼率军归来，则"不特已前罪犯一切不问，当优授官爵，更加于前"。

呵呵，当年张邦昌乃被迫成为金人的"伪皇帝"（否则金人要屠城），金人撤退后其便立即"退位"，并拥护赵构为帝；即便如此，赵构依然不能忍受其曾任"伪帝"的僭越之举，将其赐死。又如"苗刘兵变"时，苗傅、刘正彦恭请赵构复位后，也曾拿到免死诏书，后来还不是被凌迟处死。

前车之鉴，犹未远矣，郦琼又怎可能自投罗网、率军返还呢！

淮西兵变，分毫不差地应验了岳飞的先见之明。

而这份应验，更加深了他的痛苦：明明已预料到一切，却无力阻止，举目望去，抗金大业的路上布满了拖后腿、使绊子的昏君庸臣，想要痛快淋漓、一往无前地成就此生志向，实在太难了！

至此，淮西兵变成为高宗和岳飞君臣关系的分水岭，也是二者的第一次正面冲突——岳飞开始真正看清赵构无心北伐之嘴脸，深忧抗金大业前途叵测。而赵构则对岳飞擅自离职的"无礼抗上"之举，疑忌陡生，怀恨在心。

和谈未成，为保帝位，赵构虽暂时对岳飞好言抚慰，强令其复职，但君臣关系已然出现无法弥合之裂痕。

然而，令人感叹的是，即便岳飞经历如此沉重的精神打击，其内心光复大宋的志向，亦未曾动摇丝毫。虽合兵北伐的计划破灭，但其复职后，依旧向朝廷表达了只靠本部兵马进讨伪齐的坚定意愿：

不烦济师，只以本军进讨，庶少塞瘝官之咎，以成陛下寤寐中兴之志。

——宋·岳珂《金佗稡编》卷十二

淮西兵变后，他担忧江淮防线一时虚空，敌军或可趁机而来，危及行在，又第一时间上奏，主动表态愿提兵保卫江淮：

淮甸迫近行在，臣愿提全军进屯，万一番、伪窥伺，臣当奋击，期于破灭。

——宋·岳珂《金佗稡编》卷十二

而高宗对此却并未批准，只是象征性地予以"降诏奖谕"，并乘机将岳飞的北伐计划一笔勾销，于手诏中道：

淮西兵叛，事既异前，未遑他举。

——宋·岳珂《金佗稡编》卷二

至此，赵构对岳飞的冷淡与防备之情，已初现端倪。

卿言虽忠，然握重兵在外，此事非卿所当预也！

——宋高宗

密奏立储惹君疑

贰拾壹

紧接着，又发生了第二件事：岳飞密奏立储。

宋高宗膝下无子（曾有一子名赵旉，在苗刘兵变后受惊夭折），且早年维扬兵变时，受到惊吓，丧失生育能力。高宗虽对此讳莫如深，但这一宫廷秘闻仍不胫而走，朝野上下均心知肚明。

宋朝虽由宋太祖赵匡胤开立，但因一出"烛影斧声，千古之谜"的疑案，最后皇位没能传给自己的子嗣，而是由其弟赵光义即位。其后，赵光义为巩固自身帝位又先后逼死、谋杀了赵匡胤的两个儿子德昭、德芳。从此，皇位便牢牢地在赵光义直系后裔中传承。

靖康之难后，民间流言北宋灭亡乃是赵匡胤托生为金太宗完颜吴乞买，来讨还赵光义夺位杀子之血债，实属因果报应。此类说法，如今看来自是无稽之谈，但在封建迷信大行其道的古代，却颇有左右人心之力。

在这种流言、传闻的影响下，加之大臣中也有人冒死提议：

遴选太祖诸孙有贤德者，视秩亲王。

——元·脱脱《宋史》卷三百九十九

赵构见人心所向，自己又久不能生子，无奈之下，于绍兴二年从太祖后裔中选出两位男童入宫，作为皇储人选。但当时正值青壮年的赵构，对此并不甘心，还幻想有朝一日能再诞麟儿，将皇位传予亲生血脉。

所以，两位宗族少年入宫后，赵构迟迟不肯选立太子。

绍兴七年（1137），岳飞收到谍报，获悉金国意欲废掉伪齐刘豫，改立宋钦宗之子赵谌为傀儡皇帝，图谋制造两个宋朝，南北对峙，一争天下正统。

这招可谓巧妙至极——赵构无后，已为天下所知，此时以其他皇室血脉另立“北宋”，说不定轻而易举就能将南宋臣民拉拢过去。岳飞获此谍报，认为南宋应尽早选定皇储，颁示四海，稳定民心，如此方可一举粉碎金国之阴谋。

当年秋天，岳飞被召赴行在。

从鄂州往建康的船上，岳飞的参谋官薛弼，见岳飞在以工整的小楷书写亲笔奏疏，颇感蹊跷。因日常岳飞的军中文书皆由幕僚起草，唯机密奏章为防走漏风声，才会亲自为之。薛弼探究问询下，方知岳飞要密奏立储。

可依赵宋祖宗家法，向来疑忌武将，不准他们干预军事以外的朝政，如立储这般事关国本之大事，"惟腹心大臣得为之，非将帅任也"。因此，薛弼不无忧虑地提醒岳飞道："你身为大将，手握重兵，却参与立储之计，恐会遭皇上和文臣们的疑忌啊！"

岳飞却认为：文官也好，武将也罢，都是朝廷臣子，事关社稷安危，也不当有所顾忌了。

可惜，岳飞这一心为国、不恤自身的君子之腹，是赵构那颗只求自保、皇权大过天的小人之心所永远不可能理解的。君臣相见后，岳飞依照计划，向高宗宣读密奏。因有薛弼提醒在先，其情绪难免略略紧张，偏巧殿内又有阵阵凉风吹过，纸张翻动，使岳飞读之不能连贯，声音亦有些许发颤。

是的，对于此次奏议是否会触怒赵构天威，岳飞心中其实也颇感忐忑。

英雄不是没有恐惧，而是虽然恐惧，依然会鼓起勇气去做认为该做且正确的事。

知其不可为而为者，是为真正的勇士。

而后，果如参谋官薛弼所料，听罢岳飞奏议立储、粉碎敌谋的高论后，被戳到双重痛点（不能生育兼武将干政）的赵构，立时冰霜满面：

卿言虽忠，然握重兵于外，此事非卿所当预也！

——宋·李心传《建炎以来系年要录》卷一百九十

——怎么的，我还没死，就想着拥立新主，另起炉灶了？！

岳飞听了此语，下得殿来，神情如灰。而正求子心切的赵构，对岳飞此奏也耿耿不能释怀，待岳飞退下后，又召薛弼盘问再三，调查是否有人背后挑唆。次日又对新上任的左相赵鼎抱怨岳飞不循本分，愤懑之意，溢于言表。

经此一事，君臣二人间的裂痕进一步扩大，岳飞对高宗不顾大局深感失望，高宗却觉岳飞越发逾矩，对其疑忌更深。

而很快又发生了第三件事，将二人的矛盾彻底推向白热化，那就是——岳飞强烈反对宋金和议！

翻开南宋的历史，呈现在我们眼前的，是一幅屈辱到令人气短的画图。

——邓广铭《陈龙川传》

屈辱议和风波起

绍兴七年（1137）年末，金国内部派系倾轧，政局动荡。

完颜粘罕一派倒台，伪齐刘豫的靠山彻底崩塌。新得势的金国左副元帅完颜挞懒和右副元帅完颜兀术，视刘豫为粘罕一派的残余势力。二人亲率大军至开封，将刘豫软禁，存世八年的伪齐政权正式被废。

刘豫倒台，原伪齐地界将改由金人直接统治，中原沦陷区的百姓们人心板荡，更加期待王师北上。很多北方义军甚至伪齐官兵都纷纷投诚南宋，应天府爆发了二万伪齐军起义，蔡州知州刘永寿更杀死当地金将，率部投奔岳家军。

岳飞深感此时乃千载难逢的北伐之机，于是屡次上疏朝廷，请求发兵，捣其不备：

> 近得谍报，知逆豫既废，虏仓卒未能镇备，河洛之民纷纷扰扰。若乘此兴吊伐之师，则克服中原指日可期，真千载一机也。
>
> ——宋·岳飞《致赵忠简书》

> 宜乘废立之际，捣其不备，长驱以取中原。
>
> ——宋·岳珂《金佗稡编》卷七

可惜，此时高宗深感手握重兵的武将多有"不尊朝廷"之举，比之金国是更为迫在眉睫的威胁，已暗动分释武将兵力之心，故而对金求和之愿益切。而金国内院失火，忙于窝里斗，也打算以和议为缓兵之计暂时稳住南宋。恰好迎奉徽宗灵柩的宋朝使者王伦抵达北方，完颜挞懒顺势对其透露道：

> 好报江南（金不称南宋国号），既道途无壅，和议自此平达。
>
> ——宋·李心传《建炎以来系年要录》卷一百一十七

王伦回朝禀报后，赵构大喜过望，对其"赐予特异"，且仅隔三四日，就遣王伦再次使金，传达其愿不惜一切和谈的口信，并迫不及待开始在朝堂上释放和谈风向：

> 朕以梓宫及皇太后、渊圣皇帝（宋钦宗）未还，晓夜忧惧，未尝去心，若敌人能从朕所求，其馀一切非所较也。
>
> ——宋·李心传《建炎以来系年要录》卷一百一十七

金国了解赵构意图后，遂派使者至南宋，传递讯息如下：

当归河南及梓宫（徽宗灵柩）、渊圣（钦宗）、太后（高宗生母韦氏）。

——宋·李心传《建炎以来系年要录》卷一百一十九

听闻金朝使者已行至常州，赵构竟按捺不住激动的心情，喜滋滋地对秦桧道："不惮屈己，以冀合议之成者"——只要合议可成，朕啥委屈都能受！

对高宗如此毫无底线的屈己求和之举，朝野一片哗然，"物议大讻，群臣登对，率以不可深信为言"，主管军事的枢密副使王庶上章说：

先帝北征而不复，天地鬼神为之愤怒。陛下与贼有不共戴天之仇，忍复见其使乎！其将何以为心？其将何以为容？其将何以为说？

且彼之议和割地，不过画淮、画河二者而已。若曰画淮为界，则我之固有，安用和为？若曰画河为界，则东西数千里，荆榛无人之地，倘我欲宿兵守之，财赋无所从出，彼必厚索岁币以重困我矣！不若拘其使而怒之。

——宋·徐梦莘《三朝北盟会编》卷一百八十三

大致意思是：你爹被金国掳去，至死未能还朝，此乃不共戴天之仇啊！你怎么忍心去见对方使者？孝心何在？颜面何在？又将如何向臣民交代？！对方说割地给咱，无非是划黄河或淮河为界，如划淮为界，则淮河以南，本即我大宋所有，何必以和议求之？若以黄河为界，则东西数千里都是战火涂炭后的凋敝之地，我们哪有钱财和兵力把守如此绵长之边境？且对方必会索取巨额岁币，盘剥我朝，求和百害而无一利，不如拘禁金国使者，断绝对方之阴谋诡计！

监察御史张戒也对高宗道：

> 金一执刘豫，而自有中原，乃遣王伦回，扬言讲和，且有复中原，归梓宫，还渊圣之说，此正所谓无方之礼、无功之赏，祸之先也。
>
> ——宋·李心传《建炎以来系年要录》卷一百二十

吏部员外郎许忻，言辞更为犀利：

> 彼以"诏谕江南"而来……我躬受之，真为臣妾矣！
>
> ——明·陈邦瞻《宋史纪事本末》卷七十二

——金国连南宋的独立政权都不承认，仅呼我们为"江南"，我们却卑躬屈膝、照单全收，岂非等同于金国之婢妾！

无时无刻不在为挺进中原做全面准备的岳飞，更愤慨至极，直接写公文给枢密副使王庶，明确表态若年内再不用兵，则自己的两镇节度使不做也罢：

> 今岁若不举兵，当纳节请闲！
>
> ——宋·徐梦莘《三朝北盟会编》卷一百八十三

韩世忠甚至主张直接与金人开战。王庶亦多次上奏，力述武将踊跃求战之情：

观此则人情思奋，皆愿为陛下一战，望陛下英断而力行之。

——宋·李心传《建炎以来系年要录》卷一百二十

面对汹涌的反对声浪，高宗只得故技重施，再次搬出封建孝道为屈辱求和做遮羞布，几次三番，在群臣面前涕泪齐下，哀切表演：

讲和诚非美事，以梓宫（徽宗灵柩）及母兄之故，不得已为之。

——宋·李心传《建炎以来系年要录》卷一百二十

朕北望庭闱……几于无泪可挥，无肠可断，所以频遣使指，又屈己奉币者，皆以此也。

——宋·李心传《建炎以来系年要录》卷一百四十二

先帝梓宫，果有还期，虽待二三年尚庶几；惟是太后春秋高，朕旦夕思念，欲早相见，此所以不惮屈己，冀和议之速成也。

——元·脱脱《宋史》卷四百七十三

——老爹的棺材晚个两三年回来也不是不行，可我老妈年纪大了，不赶紧和谈，我怕见不到了呀！

因这番说辞已属老调重弹，群臣早已免疫，反对和议的呼声绝难以此平息。

见此，对议和急不可待的赵构干脆撕破脸皮，凭借专制淫威，断然罢免了当时四位宰执中的三位（赵鼎罢左相、刘大中罢参知政事，王庶罢枢密副使），使得秦桧独霸相权。自此君臣二人沆瀣一气，全力推进和议。

金国见赵构求和之心如此坚定，遂以超高姿态提出议和条件如下：

1. 赵构取消帝号，向金国称臣；

2. 金国赐还宋徽宗灵柩、皇太后（赵构生母韦氏）及伪齐领地；

3. 宋每年向金进贡银二十五万两、绢二十五万匹。

到了具体操作层面上，金方则更对南宋极尽羞辱之能事。派来的谈和使者称为"江南诏谕使"，公开称宋朝为"江南"，不承认其主体地位；不叫"议和使"而称"诏谕使"，则是直接把高宗当金国臣子看待；与宋方接伴使相处，金使必端坐厅堂之中，而宋使只能屈居厅堂一隅；凡经过之地，宋朝地方官均须以奉迎天子诏书之礼待之；最后更要求赵构亲自跪拜在金朝使者脚下，接受诏书，奉表称臣……

啧啧，昔日伪齐刘豫好歹还是个儿皇帝呢，到了赵构这儿，居然只能为奴作婢了。

此何等之奇耻大辱也！

朝堂上下，爱国人士们群情激愤，民意汹汹，已被罢官退闲的李纲上疏斥责高宗道：

自古夷狄陵侮中国，未有若斯之甚者……陛下纵自轻，奈宗社何？奈天下臣民何？奈后世史册何？！

——曾枣庄、刘琳主编《全宋文》第一百七十册

秘书省校书郎范如圭则单独致信秦桧，字字如刀，淋漓唾骂：

苟非至愚无知，自暴自弃，天夺其魄，心风发狂者，孰肯为此……

必且遗臭万世矣！

——宋·徐梦莘《三朝北盟会编》卷一百八十七

刑部侍郎陈橐上奏曰：

金人多诈，和不可信。且二圣远狩沙漠，百姓肝脑涂地，天下痛心疾首。今天意既回，兵势渐集，宜乘时扫清，以雪国耻；否亦当按兵严备，审势而动。舍此不为，乃遽讲和，何以系中原之望？

——元·脱脱《宋史》卷三百八十八

枢密副使王庶亦再次上奏，强调如今南宋国势已振，和谈并非必要：

陛下当两宫北狩之后，龙飞睢阳，匹马渡江，扁舟航海，以至苗、刘之变，艰难万状，终无所伤。天之相陛下厚矣至矣！今虽未能克复旧疆，銮舆顺动，而大将星列，官军云屯，百度修举，较之前日，可谓小康。何苦不念父母之仇，不思宗庙之耻，不痛宫闱之辱，不恤百姓之冤，逆天违人，以事夷狄乎！

——宋·徐梦莘《三朝北盟会编》卷一百八十三

——当年那么惊险万状，也都挺过来了，现在咱们大宋不说富裕，也算小康，即使不和谈，最差也不过是南北对峙，何苦非要向杀父仇敌屈膝称臣？！

监察御史张庭实亦上奏，其意与王庶相近：

天下者，中国之天下，祖宗之天下，群臣、万姓、三军之天下，非陛下之天下……陛下纵未能率励诸将，克复神州，尚可保守江左，何遽欲屈膝于虏乎？

——汪圣铎《宋史全文》卷二十中

枢密院编修官胡铨，更上奏一篇极为出名的《戊午上高宗封事》，对高宗本人予以毫不曲掩的辛辣痛斥：

陛下一屈膝，则祖宗社稷之灵，尽污夷狄；祖宗数百年之赤子，尽为左衽；朝廷宰执尽为陪臣；天下士大夫皆当裂冠毁冕，变为胡服……而此膝一屈不可复伸，国势陵夷不可复振，可为痛哭流涕长太息也！

而陛下尚不觉悟。竭民膏血，而不恤；忘国大仇，而不报；含垢忍耻，举天下而臣之甘心焉！

胡铨还于奏章中指名道姓，要求将议和使臣王伦、右相秦桧、参知政事孙近（因攀附秦桧而上位）三人斩首以谢天下：

臣窃谓不斩王伦，国之存亡未可知也。

臣窃谓：秦桧、孙近亦可斩也！臣备员枢属，义不与桧等共戴天。区区之心，愿断三人头，竿之藁街。然后羁留虏使，责以无礼，徐兴问罪之师，则三军之士不战而气自倍。不然，臣有赴东海而死耳，宁能处小朝廷求活耶！

——宋·李心传《建炎以来系年要录》卷一百二十三

这篇讨伐高宗、秦桧投降主义的雄文大义凛然、肝胆毕露，尤其最后一句直呼卑辱议和的南宋为"小朝廷"，胆气超群，讽刺辛辣。一经上奏，即被民间刊印散播，流传甚广，临安城人心大快，民声鼎沸，"喧腾数日不定"。

面对如此汹涌的反对声潮，赵构非但毫无愧色，某日，还对几个大臣疾声厉色道：

士大夫但为身谋！向使在明州时，朕虽百拜亦不复问矣！

——宋·李心传《建炎以来系年要录》卷一百二十四

——你们这群读书人只顾为自己博个有骨气的好名声，几时想过朕的死活？想当年，朕被金人追得亡命海上，就算想要屈膝称臣，都苦于没机会呢！

明明是自己为一身之安卑辱乞和、置国仇家恨于不顾，却倒打一耙，将臣子们关心国家命运之举诬为沽名钓誉。无耻便也罢了，还无耻得如此明目张胆、理直气壮，实令人大开眼界，叹为观止矣！

宋史专家王曾瑜曾评论道："在中国古代史上，宋高宗对杀父仇敌的卑屈，是史无前例的；而群臣以至百姓对这种行为的批评乃至谴责，也同样是史无前例的。"

不过，在赵构看来，文臣或百姓反对得再激烈，也不过靠一支笔、一张嘴，不足为惧，他最担心的，还是手握千军万马的武将会否异动。

为安抚拥兵大将的情绪，以保和议不出差池，赵构特宣岳飞、韩世忠、张俊至杭州觐见。岳飞对赵构忍辱议和、坐失北伐良机痛心已极，一路上连续上疏请辞，"乞归田野，以养残躯"，表达对议和的强烈抗议。韩世忠也连续多次上奏，请求"举兵决战"。唯张俊本就抗金无功，又欲逢迎高宗与秦桧，对和议大表赞同。

接见武将时，赵构再次大倒苦水，历数自己屈己求和的种种苦衷，早已看透一切的岳飞毫不隐讳地拆穿道：

> 金人不可信，和议不可恃，相臣谋国不臧，恐贻后世讥议！
>
> ——清·毕沅《续资治通鉴》卷一百二十一

此处的"相臣"自然指秦桧，其卑劣的卖国行径被岳飞如此毫不留情地戳穿，由此起，秦桧对岳飞恨之入骨。

和议达成后，高宗又下手诏给岳飞等武将，再行安抚：

> 卿等戮力练兵，国威稍振，是致敌人革心如此。
>
> 卿等扶危持颠之效，功有所归，朕其可忘。
>
> ——宋·岳珂《金佗稡编》卷二

意思是，和议能成，军功章里有大家的一半！

给岳飞的手诏中，更特意强调自己以为徽宗守丧为由，并未向金朝使者屈膝跪拜，而是由秦桧代而行之；明明每年向金国进贡五十万银绢，却遮掩说对方"无一须索"，自欺欺人之功，已臻化境矣：

> 已得大金国书，朕在谅阴中难行吉礼，止是宰执代受。书中无一须

索，止是割还河南诸路州城。

——宋·岳珂《金佗稡编》卷二

岳飞读罢手诏，抑郁至极：我岳家军十万之众在前线抛头颅洒热血，不是为你卑躬屈膝、认贼作父攒资本，而是想光复故土，拯万民于水火啊！

后来，赵构又宣布大赦天下，以示庆祝。

按理，臣子们都应上表称贺。岳飞又趁此机会以无比犀利讥刺的笔法，再次对高宗和秦桧的卖国之举表达强烈抗议与不满：

盖夷虏不情，而犬羊无信，莫守金石之约，难充溪壑之求……谓无事而请和者，谋；恐卑辞而益币者，进。臣愿定谋于全胜，期收地于两河，唾手燕云，终欲复仇而报国，誓心天地，当令稽首以称藩。

——宋·岳珂《金佗稡编》卷十

大致意思即是：无事献殷勤，非奸即盗——金人的和好必是图谋不轨。我岳飞誓死不会更改收复河山的抗金之志，总有一天，我要复仇报国，直取燕云，让金朝对大宋稽首称臣！

这些话，字字如锥似箭，将赵构和秦桧狠狠地钉在了丧权误国的耻辱柱上。

秦桧读之，恨之切齿。高宗则不得不强压怒火，给岳飞加官晋爵，将其从正二品的太尉加为从一品的"开封仪同三司"，又将其食邑户自一千四百户增至一千七百户，企图以荣华富贵收买人心。并特下诏书，给岳飞大戴高帽，夸赞其智略可比西汉名将卫青、霍去病，威信足追东汉开国大将岑彭和贾复：

> 霍、卫有闻，沈勇多算。有岑公之信义，足以威三军；有贾复之威名，足以折千里。临敌而意气自若，决策则机智若神；陷阵摧坚，屡致濯征之利。抚剑抵掌，每陈深入之谋。
>
> ——宋·岳珂《金佗续编》卷二

然以岳飞之人格与情操，高官厚禄、虚词溢美岂能动摇其心。因丧权和议而遭拔擢，对其而言，更不啻为一种侮辱。于是其再三上疏，坚决辞免：

> 切惟今日之事，可危而不可安，可忧而不可贺。可以训兵饬士，谨备不虞；而不可以行赏论功，取笑夷狄。……万一臣冒昧而受，将来虏寇叛盟，则似伤朝廷之体。
>
> 不惟臣一己私分愈切惊惶，至于将士三军，亦皆有靦面目。
>
> ——宋·岳珂《金佗续编》卷十四

你看，句句又都是在打投降派的脸：求求你们可消停点吧，这么丢人的事儿，还好意思大张旗鼓、论功行赏，哪天敌人变卦打过来，到时候脸往哪儿搁？无功而升迁，不仅我个人羞愧难当，三军将士也都汗颜得抬不起头……

不仅如此，得知朝廷将派使者往河南祭扫皇陵，岳飞又趁机请求同行，想借此深入前线，侦测敌情：

北虏自靖康以来，以和款我者十余年矣，不悟其奸，受祸至此。今复无事请和，此殆必有肘腋之虞，未能攻犯边境。又刘豫初废，藩篱空虚，故诡为此耳。名以地归我，然实寄之也。臣请量带轻骑，随二使祗谒陵寝，因以往观敌衅。

——宋·岳珂《金佗粹编》卷十二

在此奏章中，岳飞不厌其烦，再次重申敌人无事请和，是因内部纷争，暂且无力攻宋，又加刘豫倒台，藩篱空虚，方才出此诡计，而承诺归还南宋的土地，则不过是暂时寄存一下而已！

可惜，赵构依然故我，不听不看不相信，一心做着从此偏安江南、高枕无忧的春秋大梦，不仅对岳飞之请一口回绝，还随手附赠一堆条条框框：令岳飞不得再接纳河北、河东、燕云等地的抗金义军；凡北来者，必须送还金国；之前派往北方，收集敌情、联络中原豪杰的谍报人员也务必全部撤回。

至此，岳飞对朝廷之愤怒与失望达至顶点：既如此，那我这大军统帅还任之何用哉？！

极度的心灰意冷下，他再也不愿和高宗、秦桧这些投降卖国、置宋王朝尊严和人民生死于不顾的卑劣小人为伍，又接连两次上奏，以养病为由（旧患目昏，新加脚弱），申请解罢兵务，退处林泉：

比者修盟漠北，割地河南。既不复于用兵，且无嫌于避事。伏望陛下俯照诚恳，曲赐矜从，令臣解罢兵务，退处林泉，以歌咏陛下圣德，为太平之散民，臣不胜幸甚。他日未填沟壑，复效犬马之报，亦未为晚。

——宋·岳珂《金佗粹编》卷十五

臣顷以多病易衰，仰渎宸听，乞退处丘垅，以便养病……今讲和已定，两宫天眷不日可还，偃武休兵可期岁月，则臣之所请，无避事之谤。

——宋·岳珂《金佗稡编》卷十五

可赵构也不傻，和议方成，局势未稳，暂还需岳飞这根顶梁柱威慑金人，怎么可能让你辞职呢？！于是又冠冕堂皇地说了些"虽和议已定，但也不能放松武备，咱们君臣还得勤力同心，共安社稷，辞职的话就别再说了，我（暂时）是不会同意的"之类的客套话：

顾安危注意，朕岂武备之可忘；惟终始一心，汝亦戎功之是念。益敦此义，勿复有云，所请宜不允。

——宋·岳珂《金佗续编》卷四

打不让打，退又不让退，万般无奈的岳飞来到无数文人骚客曾登临咏哦过的黄鹤楼，回想锦绣河山和故国人民在敌人铁蹄下横遭践踏的悲惨景状，禁不住怒拍栏杆，仰天叹息：

时至今日，已错过多少复国救民之良机！

第一次北伐，襄阳大捷后，自己曾上疏高宗，力荐朝廷乘胜追击，以精兵二十万直捣中原，恢复故疆；可高宗漠然视之，不予响应。第二次北伐，岳家军攻城略地，所向披靡，朝廷却拒不发兵增援，终致渡河无望。第三次北伐后，自己请兵追击，再遭拒绝。如今伪齐被废，敌国内乱，提兵北上，正当其时！朝廷却自钻圈套，卑辱议和……

今日复明日，不见王师出。

半壁江山，究竟何载可复？！

悲愤难抑之下，岳飞笔走龙蛇，写下一篇抚今追昔、雄浑悲慨的《满江红·登黄鹤楼有感》：

遥望中原，荒烟外、许多城郭。

想当年、花遮柳护，凤楼龙阁。

万岁山前珠翠绕，蓬壶殿里笙歌作。

到而今、铁骑满郊畿，风尘恶。

兵安在，膏锋锷。民安在，填沟壑。

叹江山如故，千村寥落。

何日请缨提锐旅，一鞭直渡清河洛。

却归来、再续汉阳游，骑黄鹤。

此词先是追忆汴京城昔日歌舞升平、繁华富丽之象，转而感叹如今故土沦丧，士兵血染刀锋，百姓尸填沟壑，令人悲从中来，椎心泣血。最后，殷殷叹问自己究竟何时才能请缨杀敌，踏马挥鞭，横渡长江，克复中原！

岳飞内心悲愤之深沉痛切、渴望救中原百姓于水火之焦灼炽热，于词中汇聚交荡，浪激潮涌，奔泻而出。

词论家黄瑞云评曰："诗艺贵直。岳武穆《满江红》二阕，直是狂怒愤呼，其磁敌恢复之志，吐露无疑，即在南渡爱国豪词中亦独树一帜，无可比拟。直白之至而不感其率露，激烈之极而不觉其叫嚣，即在其感情真挚故也。"

　　至此，对金议和之事彻底暴露了高宗和岳飞在抗金立场上的根本对立：凡是议和，岳飞坚决反对；凡是抗金，赵构要么阳奉阴违，要么百般阻挠。君臣二者间存在着深刻且不可调和之矛盾，犹如冰炭之不可同炉，关系破裂，已是迟早之事。

溢浦庐山几度秋，长江万折向东流。

男儿立志扶王室，圣主专师灭虏酋。

——岳飞《寄浮图慧海》

绍兴九年（1139）秋，金国内部再起纷争。

在扳倒粘罕一派中崛起的兀术与挞懒，其实政见亦有不和——挞懒主和，兀术欲战。宋金议和后，兀术尤其对挞懒将河南、陕西割还南宋强烈不满，遂以"诛挞懒，复旧疆"为由发动政变，杀死挞懒。

此后，兀术大权独揽，全力备战。

早在绍兴九年三月，宋使王伦在开封与兀术办理交割河南的手续时，兀术有个汉人属下与王伦相熟，向其密透兀术将要发动政变、诛杀挞懒。王伦闻之大惊，立即写就一封密奏回朝，报此消息，并请求宋廷速派诸将把守边关重地，以备不虞。

高宗、秦桧得信，却唯恐开罪金人，又怀侥幸心理，不愿正视现实，继续苟安一日是一日地蹉跎岁月。

金国有个名叫张汇的山东人，虽不幸陷入金朝统治下，但一直心向大宋。他从兀术元帅府的汉人处探听得金国有撕毁和议、大举南侵之意，便与几个志同道合的朋友潜行渡过黄河，奔赴杭州，上奏朝廷，指出目前金朝已主懦将骄，兵寡民怨，"内有羽毛零落之忧，外失刘豫藩篱之援"，可谓天襄大宋是也！建议朝廷尽快发兵渡河，占据先机：

> 又况当前河北人心未安，而河南废齐之后，人心亦且摇动。王师先渡，则弊归河北而不在中原；设若兀术先犯河南，则弊归中原而不在河北。但能先渡河者，则得天下之势，诚今日胜负之机，在于渡河之先后尔。而兀术已有南犯之意，臣恐朝廷或失此时，反被敌乘而先之。
>
> ——宋·李心传《建炎以来系年要录》卷一百三十四

然高宗、秦桧，对这不远千里来报的一片丹心，视若无睹；对其所奏之策，亦置若罔闻。大将韩世忠得悉金国政变后，也曾上奏建言乘虚袭击、先发制人，赵构听了十分恼怒，斥其道：

> 世忠武人，不识大体。金人方通盟好，若乘乱幸灾，异时何以使敌国守信义？！
>
> ——宋·李心传《建炎以来系年要录》卷一百三十一

早年靖康之难时，钦宗命赵构为兵马大元帅解救开封，结果他只顾自己奔逃，即便父兄被掳，也未曾向开封前进一步；后又允诺岳飞合兵抗金，结果转头便收回成命，出尔反尔。如此对父兄不仁、对臣子无义之人，眼下却对杀父灭国的仇敌赤诚一片、恪守信义，岂非可笑至极！

何况，和议之后，派往河南祭扫皇陵的兵部侍郎张焘，发现北宋八陵已被金人掘盗了个底朝天，荆棘萦墓，棺椁狼藉，哲宗皇帝的尸骨都暴露于外，随行官员不得不"解衣裹之"。回朝后，张焘对高宗悲恨以言道：

金人之祸，上及山陵（祖宗陵墓），虽殄灭之，未足以雪此耻、复此仇也！……祖宗在天之灵，震怒既久，岂容但已，异时恭行天罚，得无望于陛下乎？自古戡定祸乱，非武不可，狼子野心，不可保恃久矣。伏望修武备，俟衅隙起而应之，电扫风驱，尽俘丑类，以告诸陵。夫如是然后尽天子之孝，而为人子孙之责塞矣！

——元·脱脱《宋史》卷三百八十二

然而，纵是祖坟被刨这等奇耻大辱，亦不能激发出赵构丝毫卧薪尝胆、报仇雪耻之血性与志气。其依然侍敌至谨、恭敬如子，唯愿自己能在东南半壁幸享湖山、鱼肉万民，就心满意足了。

可惜，无论赵构如何地"识大体""守信义"，金国都毫不领情。

绍兴十年（1140），金国一反其秋季南侵的惯例，于五月兵出四路，以"兴师问罪，尽复疆土"为由，分攻开封、洛阳、陕西及山东，打了南宋一个措手不及。

此时，距和议敲定才一年。盟墨未干，兵戈再起。

岳飞的先见之明，又一次得到验证。

金军所到之地，有部分贪生怕死的地方官员迎风而降，赵构叹道：

夷狄之人，不知信义，无足怪者。但士大夫不能守节，至于投拜，风俗如此，极为可忧。

——宋·李心传《建炎以来系年要录》卷一百三十五

自己带头"失节"，卑屈求和、认贼为父，又有何脸面怪别人折节保命呢？泱泱大宋，有气节、有脊梁之臣子岂在少数，可他们忧国忧民的逆耳忠言，不都被你赵构斥为追名逐誉、"士大夫但为身谋"了吗？面折廷争、反对议和者，不都被你赵构贬窜或罢官了吗？

金军攻陷开封、洛阳后，赵构、秦桧彻底慌了手脚，为保身家性命，立马见风使舵，再次扛出抗金复国的大旗，先是颁布了声讨金国失信、命诸将应战之诏书：

昔者金国许归河南诸路，及还梓宫、母、兄。朕念为人子弟，当申孝悌之义，为民父母，当兴拯救之思，是以不惮屈己，连遣信使，奉表称臣，礼意备厚。虽未尽复故疆，已许每岁输银绢至五十万。所遣信使，有被拘留，有遭拒却，皆忍耻不问，相继再遣。不谓设为诡计，方接使人，便复兴兵。今河南百姓，休息未久，又遭侵扰，朕蠹（xì）然痛伤，何以为怀！仰诸路大帅各竭忠力，以图国家大计。以慰遐迩不忘本朝之心，以副朕委任之意。

——宋·岳珂《金佗续编》卷四

又命三大宣抚使韩世忠、张俊、岳飞，各兼招讨使之衔。更将韩世忠从少师升为太保，张俊从少傅升为少师，岳飞自从一品的开封仪同三司升为正一品的少保之职（故此岳飞又称岳少保）。当时太师、太傅、太保称"三公"，少师、少傅、少保称"三少"或"三孤"。至此，岳飞的官职已位列"三少"，官高位显，殊荣空前。

高宗于此时擢升武将，无非为笼络人心，激励他们御敌护主。

其实，难道没有封赏，岳飞的抗金热情就会有所消减吗？

当然不会。他一生志向，为的是家国人民，岂是名利所能驱使之人。

由此可见，赵构从来就不曾真正懂过岳飞的心胸与境界。

不管赵构居心如何，对岳飞来说，终于等到可大举反击、深入北伐之机会，他是太兴奋了：从独立成军开始，这一刻，他已苦盼十余年了！

其间，岳家军枕戈待旦，裹粮坐甲，未尝一日放松军事训练。即便在议和期间，岳飞也料到金宋必会烽烟再起，故而从未中断北伐的筹备工作，其中最能体现岳飞筹划之宏大、部署之周密、思想之先进的，当属"联结河朔"之举——过往数年，岳飞一直在努力团结黄河以北的敌后抗金武装，派出一批批情报人员，携蜡书、"岳"字旗潜入中原，联络各地忠义民兵，相约以岳字旗为号，一旦北伐，请他们立即响应，共同"掩杀金贼，收复州县"。

如此背景下，岳家军怀着必胜之信心，开启了第四次北伐之旅。

临行前，全军将士纷纷与家眷相约，誓要光复故土后再行团圆。岳飞更给在庐山结交的慧海和尚寄诗一首，请他代为修建茅舍，以便功成身退之用：

寄浮图慧海

溢浦庐山几度秋，长江万折向东流。

男儿立志扶王室，圣主专师灭虏酋。

功业要刊燕石上，归休终伴赤松游。

丁宁寄语东林老，莲社从今著力修。

可惜，岳飞自始至终都是"立志扶王室"的铿锵男儿，赵构却从没打算做"专师灭虏酋"的贤明圣主。

南宋对金军的抵御，分为东、中、西三个战场。东部宋军主将为韩世忠，西部为四川名将吴玠（已逝）之弟吴璘，两线均成功抵住金军攻势，但主战场乃是由岳飞、张俊、刘锜防御的中线。

绍兴十年五月，新任东京副留守的刘锜，在前往开封府就职的路上，听闻金人败盟南下，便带领两万人马改道疾趋顺昌府（今安徽阜阳）迎敌，且屡破金军。兀术接到败报，亲率十万大军压境顺昌，"连接下寨，人马蔽野"，并扬言道"顺昌城壁如此（残破），可以靴尖踢倒！"

见金人已兵临淮河，眼瞅要危及自身老巢，高宗一面令刘锜务必守住淮河，一面于半月之内，连发六封急诏，命岳飞速往支援，"多差精锐人马，火急前去救援""星夜前去……不可少缓""不得顷刻住滞"。

结果，没想到刘锜谋略出众，智克强敌——他抓住金人恃众轻敌、远来疲乏、不耐暑热等弱点，先在城外水源、草丛投撒毒药，大大削弱敌人战斗力后，又以逸待劳，等到午后天气最为酷热、金人神疲气衰之际，悄无声息发动突袭，以少胜多，大败金朝精锐骑兵，杀敌五千余人，伤其万众。

兀术不得不于次日拔营退兵，狼狈逃回开封，顺昌就此解围。

顺昌解围，则意味着东中西三线均已顶住金军攻势，双方进入相持阶段。

赵构见此，故态萌发，只想守不愿攻，生怕堵死议和之路。于是急派司农少卿李若虚前往鄂州，向岳飞下班师诏，以期收缩战线。

然而，等李若虚抵达鄂州时，岳飞已率军北上。

六月下旬，李若虚追赶岳家军至德安府（今湖北安陆），向岳飞传达了高宗"兵不可轻动，宜且班师"之诏。岳飞听了，简直不敢相信自己的耳朵：朝廷在如此重大的军事调动上竟能轻率至此，说改即改，视同儿戏！恰如三年前淮西合军一般反复无常！

北伐的计划一拖再拖，无数良机已错失！如今十万大军已然分路开拔，岂可说回就回？！

岳飞决心不顾诏命，坚意北伐——取旧都，涉黄河，复中原！

他拿出日前高宗发来的数封亲笔御札示予李若虚，但见授意发兵之语，比比皆是：

金人过河，侵犯东京，复来占据已割旧疆。卿素蕴忠义，想深愤激。凡对境事宜，可以乘机取胜、结约、招纳等事，可悉从便措置。

卿之一军，与两处形势相接（河南、陕西），况卿忠义谋略，志慕古人，若出锐师邀击其中，左可图复京师，右谋援关陕，外与河北相应。此乃中兴大计，卿必已有所处。

卿可附近乘此机会，见可而进，或犄角捣虚，或断后取援，攻守之策，不可稽留。兵难遥度，卿可从宜措置，务在取胜，用称引望……建不世之勋，垂名竹帛，得志之秋，宜决策于此。

委卿统兵并力破贼，卿可疾速起发。乘此盛夏，我兵得利之时，择利进取。

——宋·岳珂《金佗稡编》卷二

李若虚本就是坚定的抗战派，其胞弟李若水在十四年前的靖康之难中，曾陪同宋钦宗前往金营，金人宣布废黜钦宗时，李若水厉声大喊："这贼乱作，此是大朝真天子，你杀狗辈不得无礼！"还以左手抱住钦宗阻止金人脱其御服，右手指着粘罕斥骂其背信弃义，被打至口面流血仍不停止，后被金人戮杀，壮烈殉国。

李若虚忆此往事，国仇家恨齐涌心头，决意以一己之身承担传诏失利之罪，支持岳飞北伐：

事既尔，势不可还。矫诏之罪，若虚当任之。

——宋·李心传《建炎以来系年要录》卷一百三十六

后来，李若虚还朝，遭秦桧罢官。好在岳飞不负其所望，北伐之旅，势如破竹，克清中原，指日可待矣！

撼山易，撼岳家军难！
——岳珂《金佗粹编》卷九

四次北伐入中原

闻听岳家军出兵后，中原人民激动万分，眼含泪花，焚香顶礼，夹道欢迎大宋军师。北方忠义民兵更群起响应，助力岳家军北伐。

岳家军的首个战略目标，是扫清开封府外围。

当年六月十三日，岳飞部下统制官牛皋大败金人于京西，一胜！

十天后，统领孙显又在蔡州和陈州间，大破金人裴满千户，二胜！

岳飞亲率精锐大破蔡州，三胜！

再是张宪于颖昌城南大败金军将领韩常，一举收复金军在开封外围的三大据点之一颖昌府，四胜！

此后，张宪和牛皋、徐庆等会军，兵临陈州城下，战鼓擂鸣，张宪等"鼓率将士，分头入阵掩击"，直贯敌阵，活捉金将王太保，得战马若干，一举克服陈州，再拔金军开封外围三大据点之二，五胜！

次日，部将杨成击败金军五千人马，收复距开封仅一百二十里的郑州，六胜！

几天后，部将刘政夜袭退守中牟县的金军营寨（中牟县距开封仅五十余里），杀死尚在睡梦中的金兵不计其数，夺战马三百五十多匹、驴、骡一百多头及大量军事器械，七胜！

七月初，中军副统制郝政，攻打洛阳。敌军驻扎在洛阳的是岳飞过往手下败将李成，其部队中多有河北、山东的汉人签军，本就无动力与南宋作战，郊野一败后，等到岳家军进逼洛阳城下，李成便连夜弃城而逃。七月十二日，岳家军进驻洛阳，八胜！

……

民心所向、士卒用力之下，岳家军电扫雷驱，云撤席卷，在不足一月时间内便将开封外围西面、南面的广大地区全部收复，兵临黄河，剑指开封！

黄河以北的忠义民兵更在岳飞派遣渡河的线人联络下，群起响应，同时在敌后占州夺县，收复山西的垣曲县、翼城县，河南的孟州（孟县）、卫州（汲县）、怀州（沁阳）、陕州（今河南三门峡市陕州区）、虢州（今河南灵宝及周边）以及敌人腹地的河北赵州（赵县，近石家庄）等；且山西、河南、山东、河北等地的抗金武装均相互联络，约定以"岳"字旗为号，待岳飞过河后一同举兵，共襄北伐大业。

至此，岳家军与北方的敌后忠义武装，已对驻扎开封的金军主力形成围歼之势。故都光复，近在眼前！

可惜，就在这形势一片大好、人心激昂奋进之际，抗金大业的头号破坏分子赵构又"不失时机"地上线阻击了——他突然下诏，要求岳飞将手头军务交付部将，即刻赶赴临安觐见。

入觐无早晚，但军事可以委之僚属，即便就途。

轻骑一来相见。

——宋·岳珂《金佗稡编》卷二

战争形势进入白热化的紧要关头，竟让最高统帅脱离指挥岗？行军打仗你当是小孩儿过家家呢？！

所谓"将在外，君命有所不受"，岳飞没有理睬赵构的抽风之举，依然专心致志地部署着开封大会战。

赵构一计不成，又生一计。

好，不来是吧，那就把你周边军队都撤回，他们负责的战区统统移交你。如此一来，战线辽阔，防守都费劲，我看你还怎么往前进——朝廷就此下令，将顺昌的刘锜军调往镇江，令岳飞分兵把守之；张俊所部也在接到朝廷指令后掉头南下，撤回庐州。

赵构此招，用心可谓毒矣：随着战争不断深入，岳家军光复的地区日益扩大，而收复的地区又都需留兵驻守，岳家军兵力本已日益分散，赵构召回其他大将的釜底抽薪之举，更使岳家军兵力不足的态势雪上加霜。

岳飞于是急上奏章，一是请求周边大将留守前线：

本司契勘所管军马，已分布调发前去陕、虢、西京、陈、蔡、颍昌、汝、郑州一带，并已有差往河东、河北措置事宜。已两次申奏，乞将刘锜一军且令于顺昌府屯驻，庶几缓急可以照应去讫。

——宋·岳珂《金佗稡编》卷十二

二是分析开封前沿的有利态势，于《乞乘机进兵札子》中力劝赵构火速命诸军协同并进，共克金贼，成中兴之大业：

民心皆愿归朝廷，乞遣发大兵前来措置……此正是陛下中兴之机，乃金贼必亡之日，若不乘势殄灭，恐贻后患。伏望速降指挥，令诸路之兵火急并进，庶几早见成功！

——宋·岳珂《金佗稡编》卷十二

可赵构此时对武将已忌惮有加，对战事的态度则是见好就收、打退就行，专务和议；张俊、杨沂中等大将也早都对岳飞之赫赫军功嫉妒有加，又怎么可能会拂逆赵构之意而发兵援助岳家军呢？

此次北伐出兵前，岳飞就不无担忧道：

敌人不日授首矣，而所忧者，他将不相为援。

——宋·李心传《建炎以来系年要录》卷一百四十四

显然，岳飞的预言不幸又将成为现实。

更要命的是，在内部"猪队友们"花式扯后腿的情况下，狗急跳墙的金军也气势汹汹，反扑而来。

兀术敏锐地觉察到，宋廷并无遣兵增援岳飞之意，岳家军已陷孤军深入且兵力分散之危境。他亲率一万五千精锐骑兵为先锋，直奔岳家军指挥部所在地郾城，企图一举摧毁其司令部。

而料敌如神的岳飞，料到金军会有此一着，早就将重兵集结在颍昌、郾城一线，以逸待劳，专等敌军前来。

七月八日，当金军抵达城外二十余里处时，岳飞遣其子岳云率战斗力最强的亲卫军（背嵬军）及游奕马军，出城迎敌打头阵，并与之曰：

必胜而后返，如不用命，吾先斩汝矣！

——宋·岳珂《金佗稡编》卷八

为对付金军"铁浮屠""拐子马"的骑兵战术，岳云令将士们以刀枪剑戟刺杀马背上的敌人，以麻扎刀、提刀、利斧等砍斩敌军马脚，上下交攻，威力倍增。金军的"铁浮屠"也叫铁塔兵，三马以皮索相连，一马仆地，则其余两马即不能再行驰突，被岳家军砍到乱作一团。

过往，金军对宋军的最大优势，即在战斗力极强之骑兵，且惯以左右翼迂回侧击，故称"拐子马"。而此次，岳家军在既无山险可倚，亦无城垣可凭的情况下，于最有利于女真骑兵发挥威力的平川旷野上与之正面会战，这在宋金战争中尚属首次。

战斗空前激烈，双方皆以命搏。

岳家军中有一员骁将，名为杨再兴，其单枪匹马驰入敌阵，意欲生擒金军总指挥兀术，只身杀敌数百后，未能寻得兀术，自己也负伤数十处，但仍全身而退，给金军以极大威慑。

双方战至暮色霭霭，在岳家军的凌厉攻势下，金军被杀得尸横遍野、人马相枕，终于退却。

七月十日，金方反扑，十余万后援部队如银流滚滚，陆续开进战场。

得到探报后，岳飞亲率大军应战。在战斗到最激烈的关键时刻，黄尘蔽日，金鼓连天，但见岳飞披坚执锐，亲率十四骑驰突而出，身边一名部下见状，大惊失色，急忙拉住其马头道：

相公为国重臣，安危所系，奈何轻敌！

——宋·岳珂《金佗稡编》卷八

军情火急，岳飞不暇解释，只得一鞭打在部下手上：

非尔所知！

——宋·岳珂《金佗稡编》卷八

纵马驰入敌阵后，岳飞左右开弓，箭无虚发，又瞥见敌阵中有个头戴盔甲、身披紫袍的将领，断定其军衔不小，故当机立断，向其猛冲过去，紫袍金将尚来不及招架，便已成岳飞刀下之鬼。

当年明月在《明朝那些事儿》中，曾有如下论述："最大程度发挥士兵的战斗力，是将领的责任。一般来说，将领们是利用自己的谋略和军事调度来达到这一目的的，然而当战斗到了最关键时刻，所有的军事指挥都无法再发挥作用时，将领们就只剩下最后一招，亲自上阵。"

果不其然，岳家军见统帅亲自出马，士气瞬时高涨到极点，个个以一当百，拼死搏战，誓不与贼俱生，终将数倍于己的金军击溃，并追奔二十余里方才收兵。事后清扫战场，在紫袍将领身上和其战马马鬃上，各搜获一枚红漆字牌，上书"阿李朵孛堇"字样，方知其果为金军中一名重要头目。

郾城之战一举粉碎了金军"铁浮屠""拐子马"不可战胜之神话，完颜兀术哀叹道：

自海上起兵，皆以此胜，今已矣！

——宋·岳珂《鄂王行实编年》卷之五

面对如此空前之大捷，南宋朝廷也不得不在奖谕诏中，作出极高之评价：

自羯胡入寇，今十五年，我师临阵，何啻百战。曾未闻远以孤军，当兹巨孽，抗犬羊并集之众，于平原旷野之中，如今日之用命者也。盖卿忠义贯于神明，威惠孚于士卒，暨尔在行之旅，咸怀克敌之心，陷阵摧坚，计不反顾，鏖斗屡合，丑类败奔。

——宋·岳珂《金佗续编》卷四

预估岳飞此胜能逼迫金人重新谈和，赵构也窃喜连连，亲笔给岳飞写表扬信：

然大敌在近，卿以一军，独与决战，忠义所奋，神明助之。再三嘉叹，不忘于怀。

——宋·岳珂《金佗稡编》卷二

啧啧，好一个脸皮赛城墙。

是怎么好意思说出"卿以一军，独与决战"八个字的？岳飞为何是孤军独战，还有人能比你赵构更清楚吗？还"神明助之"，那可不嘛，岳家军除了靠自己，也就只能靠神明了，难不成还能指望你发兵援助吗？！

郾城大捷后，金军困兽犹斗，又集结三万骑兵、十万步兵，反攻颍昌府。

可惜，在金军反攻前，岳飞即敏锐指出"贼屡败，必还攻颍昌"。故而，待金军兵临颍昌城下时，岳飞援军早已率先抵达。

此战，岳云再次身为先锋，首入敌阵。从早晨到中午，双方整整激战两三个时辰，岳家军直战至"人为血人，马为血马"，岳云身受百余处创伤，盔甲、战袍均已血迹斑斑，仍奋死拼杀。战况一度惨烈到，连身经百战的岳家军宿将王贵，都生出气馁怯阵之意，被岳云严厉斥责方止；在岳云钢铁意志兼身先士卒的双重鼓舞下，终使全军"无一人肯回顾者"。

古希腊军事家地米斯托克利曾言：勇敢决定战争胜利的走向。

激战到正午时分，岳家军守城军士见两军胶着，当机立断，出城参战，终扭转局势，击败兀术亲自指挥的三万骑兵。

此战岳家军杀敌五千余人，俘获军官七十八人、兵士两千多，得战马三千多匹，金印七枚，旗、鼓、刀、枪、器甲不计其数，兀术之婿夏姓万夫长当阵被杀，金方副统军身受重伤，抬至开封后身亡。

郾城、颍昌大捷，是岳家军第四次北伐中关键性的两战。金军由其最高统帅完颜兀术亲自指挥，可调动金方各路军马，总兵力是岳家军的两到三倍，军事装备更远胜之，且具主场作战之优势，天时地利之下，却被无任何援兵相助的岳家军连连击溃。

自此，金军信心沮丧，士气已馁，并口口相传这样一句"长岳家军志气，灭己方之威风"的口号：

撼山易，撼岳家军难！

——宋·岳珂《金佗稡编》卷九

兀术也不禁再次哀叹道：

我起北方以来，未有如今日屡见挫衄（nǜ）！

——宋·岳珂《金佗续编》卷十四

一些金军将领为稳军心，甚至对士卒道：大家少安毋躁，等岳家军打过来，就带你们投降保命！

毋轻动，俟岳家军来，当迎降。

——宋·岳珂《金佗稡编》卷二十

金军中的汉族头领更纷纷倒戈、投诚岳飞，还有姓纥石烈的金人亲军千夫长，从河北渡河，千里来投岳家军，并改用汉名高勇。金兀术的心腹大将韩常，也暗送密信给岳飞，表示愿意率部归降。

黄河以北的抗金义军亦风起云涌，捷报频传，并送信至岳飞帐中：

河北忠义四十余万，皆以岳字号旗帜，愿公早渡河！

——宋·岳珂《金佗续编》卷十四

敌后的父老乡亲们，也都争先恐后地牵牛挽车，运粮送水，"以馈义军"，还在大路边引颈遥望，深盼岳家军早日到来；金朝自燕山以南，"号令不复行"。

穷途末路、四面楚歌之下，完颜宗弼已打算放弃开封，渡河北遁。出使金国、被扣留在北方十五年的宋臣洪皓在家书中说：

顺昌之败，岳帅之来，此间震恐。

——宋·洪皓《鄱阳集》

岳飞筹谋多年的"联结河朔"之举，终于在第四次北伐中发挥巨大作用——用事于金贼腹心之中，而收功于疆场千里之外。

在如此形势下，岳飞断定不日即能光复故都，提兵北上，直指燕云，一偿平生所愿！豪情万丈下，其与部下慨然相约道：

今次杀金人，直到黄龙府（金朝上京会宁府），当与诸君痛饮！

——宋·岳珂《金佗续编》卷十四

下一步，进军开封府！

所得诸郡，一旦都休！社稷江山，难以中
兴！乾坤世界，无由再复！
——岳珂《金佗稡编》卷八

十年之功一旦废

　　岳家军的节节胜利，令中原百姓和义兵欢腾雀跃，也令赵构和秦桧
寝食难安。

　　于秦桧而言，其能身居相位，全赖附和高宗议和，一旦岳飞继续挥
师北进，则岳家军全克中原之日，就是他秦桧名利尽失，甚或性命不保
之时。

　　于高宗而言，则无论岳飞接下来是胜还是败，都会带来重重隐患。

　　如败，则会丧失与金谈和之资本，甚至可能步父兄后尘，沦为金人
阶下囚。当年扬州逃窜、明州下海的往事还不时令其梦中惊醒，那份被

强敌穷追不舍、命悬一线的狼狈与恐惧，他再不想体会了！

如胜，则无法防止武将坐大，尤其是军功最著的岳飞。在赵构看来，其百战百捷，攻无不克，搞到现在，在主战派及中原百姓心里，威望快比他这个皇帝都高了！且其此前已屡有不尊朝廷之举，淮西合兵失败，就敢撂挑子；后又违诏出师，再让他打过黄河，直指燕云，取得盖世之功，那还了得！到时，江山是收复了，但大宋王朝还能否继续姓赵呢？自家祖宗赵匡胤的天下，不就是如此得来的吗？再加赵构还亲历过被逼退位的苗刘之乱、携军投敌的淮西兵变，对武将的疑忌之心，已深入骨髓矣。

故此，赵构一怕大败，二怕全胜——大败则有性命之虞，全胜则恐皇权有失。

思来想去，唯见好就收，重开议和，才能保其皇位永无忧。至于什么国家分裂、沦陷区人民水深火热，跟其屁股下的位子相比，不值一提耳！

君臣各怀鬼胎，秦桧以岳飞"孤军不可久留"为由，向高宗建议班师，还唆使亲信罗汝楫上奏曰：

兵微将少，民困国乏，岳飞若深入，岂不危也！愿陛下降旨，且令班师。

——宋·李心传《建炎以来系年要录》卷一百三十七

高宗立时下诏，令岳飞班师回朝。

于是，当岳飞靠一己之军熬过郾城、颍昌两次殊死苦战，正欲剑指开封、摘取更大胜利果实时，却等来了朝廷的班师诏！

岳飞简直不敢相信自己的眼睛：全军将士浴血奋战，方有此成果，如今离全局之胜仅一步之遥，岂可放弃？！他不愿、不忍，也不甘就此止住北伐之旅，于是提笔写就一封言辞激烈的《乞止班师诏奏略》：

契勘金虏重兵尽聚东京，屡经败衄，锐气沮丧，内外震骇。闻之谍者，虏欲弃其辎重，疾走渡河。况今豪杰向风，士卒用命，天时人事，强弱已见，功及垂成，时不再来，机难轻失。臣日夜料之熟矣，惟陛下图之！

——宋·岳珂《金佗稡编》卷十二

此后，岳飞继续挥师北进，五百背嵬先锋军抵达距开封仅四十五里的朱仙镇后，与敌军一经交锋，即将锐气已丧的金人打到全军溃散。

可就在此时，岳飞却于一日内，接连收到由赵构亲自签发的十二道金字牌班师诏！

"金字牌"为宋代以最快速度传送文书的"急脚递"所悬之木牌，长一尺有余，朱漆刷就，上书"御前文字，不得入铺"八个金字，以劲马接力传送，不得入驿站片刻，日行约五百里。如此急递，赵构竟于一日内连发十二道，无非是要以封建皇权施加最大限度之压力，迫使岳飞撤军，而不容有失！

看着眼前十二道红漆金字、油亮炫目的班师诏，岳飞感觉它们就像一张张密不透风的大网，一层层向自己笼罩而来，并且越收越紧、越收越紧，自己使出浑身解数，也挣脱不得：

是啊，纵有杀敌报国之心、运筹帷幄之才、冲锋陷阵之勇，又有何用？！

自己究竟不过是个臣子而已。

赤胆忠心，高不过圣意独裁！

陷入无边无际之失望与悲愤的岳飞，终于认清一个无比残酷的事实：一心议和的赵构，是绝不允许自己抗金成功的。如此次还不奉诏班师，朝廷随时可能切断大军的粮草供应，到时前有强敌窥伺，后无粮草为继，岳家军岂非危矣！

可又当如何忍心舍弃即将收复的故土河山和那些望穿秋水的中原父老？赵构啊赵构，不奢望你增援一兵一卒，我仅以手中这一旅孤军自行北伐，竟也容不得吗？！

所谓"将能而君不御者胜"，而自己这个能将却屡屡被君主防之、御之、阻挠之，何事可立？何功可成？！如之奈何哉！

这是岳飞从军以来，所经受的最惨烈之政治打击。大功本不日可成，却又将功亏一篑。

想到自己十余年的苦心经营就此一朝东流，想到血染疆场的将士们那失望至极的目光，再想想那些日夜苦盼大宋王师前来的中原父老的涟涟泪水，刀光剑影、尸山血河中也从未变色的岳飞不禁目眦欲裂，仰天而泣，朝着东方（开封的方向）揖手而拜道：

十年之功，废于一旦！

——清·毕沅《续资治通鉴》卷一百二十三

听闻岳飞班师，深感被生生遗弃的中原百姓心碎肠断，遮道而来，拦住岳飞的马头放声恸哭，哀天动地：

> 我等顶香盆，运粮草，以迎官军，虏人悉知之。今日相公去此，某等不遗噍类矣（必遭屠戮）！

——宋·岳珂《金佗稡编》卷八

岳飞勒住马头，泣不成声，只得取出诏书，示之父老乡亲：

> 朝廷有诏，吾不得擅留！

——宋·岳珂《金佗稡编》卷八

最后，无法弃百姓于不顾的岳飞顶住各方压力，停军五日，掩护愿意南下的当地父老移居襄汉六郡，待百姓先行后，方才班师回到驻地鄂州。

而后，岳飞于奔赴临安觐见的途中，听闻岳家军浴血收复的京西大片土地又旋陷敌手，不由得铁拳紧攥，凝眉闭目，仰首而叹道：

> 所得诸郡，一旦都休！社稷江山，难以中兴！乾坤世界，无由再复！

——宋·岳珂《金佗稡编》卷八

至此，岳飞以本军单独完成北伐的希望彻底破灭。

金戈北伐心何壮，铁马南还志已灰。

面见高宗后，不论高宗如何垂询国事，哀莫大于心死的岳飞除保持臣子应有的拜谢之礼外，始终不答一语，以此表达对赵构投降主义的无比蔑视。见此情形，赵构恼羞成怒道：

> 凡为大将者，当以天下安危自任，不当较功赏！
>
> ——宋·李心传《建炎以来系年要录》卷一百三十七

此处必须引用电视剧《三国演义》中诸葛亮的那句著名台词来评价："我从未见过有如此厚颜无耻之人！"

这是什么流氓逻辑，到底是谁不以天下安危自任？！

自己极度自私自利，只图皇权在握，就反咬岳飞的行径是为邀功讨赏。

岳飞之志，岂在此乎？！

被赵构如此颠倒黑白地诬蔑之，岳飞依然克制着自己，始终不答、不辩，"第再拜谢"而已。

是啊，还有什么可说的呢？道不同不相为谋，一个一心为国，一个专营己私，彼此的人生追求天差地别，说之何益哉！

临安朝见后，深感此生之志已无望实现的岳飞再次力辞军职，于辞呈中沉痛以言道：

> 若夫贪慕爵禄务荣一身，而不以国家为念，则非臣之所忍为也。比

者羯胡败盟，再犯河南之地，肆为残忍，人神共愤。臣方将策驽砺钝，冀效尺寸，以报陛下天地生成之德。今则虏骑寇边，未见殄灭，区区之志，未效一二。臣复以身为谋，惟贪爵禄，则诚恐不足为将士之劝，而报恩无所。万诛何赎！

——宋·岳珂《金佗稡编》卷十五

意思是，不能伐敌救国，自己深感愧对高官厚禄，既无颜面对将士，也难报浩荡皇恩，故恳解军职，还归乡野。

解罢岳飞兵权，此时实已为高宗梦寐以求之事，苦于和议未成，尚不能落实耳。于是其不得不强忍此欲，回诏曰：

未有息戈之期，而有告老之请。虽卿所志固尝在于山林，而臣事君可遽（jù）忘于王室？所请宜不允。

——宋·岳珂《金佗续编》卷四

其实高宗的内心独白是：至息戈之期，何须卿辞，朕自会夺汝兵权，罢汝官职，甚或害汝性命！

治军有道百战胜

用兵者无他，仁、信、智、勇、严五事，不可不用也。有功者重赏，无功者重罚，行令严者是也。

——毕沅《续资治通鉴》卷一百二十四

　　览文至此，相信大家在为岳飞功败垂成、被迫班师而扼腕叹息之际，也不禁有疑问如下：

　　缘何岳家军之战斗力，能在南宋诸军中一骑绝尘、独秀至此呢？

　　的确，为免岳家军四次北伐叱咤风云、战无不胜之绩，看起来如同爽文小说，而不似历史事实，是时候分析一下岳家军因何具备如此强悍之战斗力了。

　　所谓"胜败乃兵家常事"，而岳飞自二十岁束发参军，至三十九岁位至少保，从军十九载，亲自参与或指挥凡一百二十余战，"类皆以少击众，未尝一败"，在中国军事史上实为罕见。而其之所以能屡屡以少胜多、以谋伐强、料敌如神、百战百胜，与其天才卓越的治军思想分不开。

曾为岳飞上级，却一向怯懦畏战的张俊，讶异于岳飞逢战必捷之绩，曾询问岳飞"用兵之术"，岳飞以五字答之：

仁、信、智、勇、严。

——清·毕沅《续资治通鉴》卷一百二十四

即"兵以义举""用人以信""以智取胜""临战以勇""治军以严"五术耳。

接下来，让我们就此五术逐一解之。

一、兵以义举

岳飞虽为武将，但从小求知若渴、酷爱读书，饱受儒家学说浸润，是儒家道德思想的身体力行者。故其治军思想将"仁"字列于首位，即儒家所强调之"仁义道德"，在面对金人入侵、生灵涂炭之时，"仁"字自然也便引申为驱除鞑虏、以身报国之"大义"。

自金侵宋起，岳飞一直以克敌救国、收复故土、"使宋朝再振，中国安强"为人生总目标，并多次将此志向付诸笔端、宣之于世：

然俟立奇功，殄丑虏，复三关，迎二圣，使宋朝再振，中国安强。

他时过此，得勒金石，不胜快哉！

——宋·岳珂《广德军金沙寺壁题记》

他日扫清胡虏，复归故国，迎两宫还朝，宽天子宵旰之忧，此所志也。

——宋·岳珂《永州祁阳县大营驿题记》

异时迎还太上皇帝（徽宗）、宁德皇后（徽宗皇后郑氏、钦宗生母）梓宫，奉邀天眷（钦宗与赵构之母韦太后）归国，使宗庙再安，万姓同欢，陛下高枕无北顾忧，臣之志愿毕矣。

——宋·岳珂《乞出师札子》

臣愿定谋于全胜，期收地于两河，唾手燕云，终欲复仇而报国，誓心天地，当令稽首以称藩！

——宋·岳珂《谢讲和赦表》

绍兴四年，首次北伐时，宰相朱胜非为激励岳飞收复襄阳六郡，派人告知岳飞如得胜归来，则将授其节度使之职，岳飞慨然回曰"飞可以义责，不可以利驱"——我岳飞是为家国大义而战，岂是贪图功名利禄之人？！

不仅自己怀此壮志，身为一军统帅，岳飞还时刻以此救民报国之"大义"训导军士，言及国遭祸患、山河涂炭之种种，往往悲愤至涕泗横流，气塞难语，极大地激发了将士们的爱国主义精神：

与将校语，必勉之以忠孝，教之以节义。

临戎誓众，言及国家之祸，仰天横泗，气塞莫能语，士卒感怆皆欷嘘而听命。

——宋·岳珂《鄂王行实编年》续编卷三十

例如，建炎三年，南宋立国之初，金军来犯，宰相杜充叛降金国，赵构奔逃海上。在此家国存亡之际，岳飞逆流而上，独立成军，勇抗强敌，并以如下之语激励部下：

我辈荷国厚恩，当以忠义报国，立功名，书竹帛，死且不朽。若降而为虏，溃而为盗，偷生苟活，身死名灭，岂计之得耶！

——宋·岳珂《鄂王行实编年》卷之一

士卒听罢，皆唏嘘而泣，表示愿誓死随其杀敌报国、光复家园。

岳飞"兵以义举"的思想，旨在使全军皆怀忠烈之心，为家国大义而战，而非为个人钱财名位而战。因此，岳家军能拥有高亢不竭之士气、视死如归之意志、攻无不克之战斗力，首先在于这是一支有理想、有追求的军队——全军上下勠力同心，唯收复故土、洗雪国耻以是求，恰如孙子兵法所云，"上下同欲者胜"也！

绍兴七年（1137），因高宗在淮西军合兵一事上出尔反尔，岳飞愤而请辞，径上庐山。右相张浚意欲乘机剥夺岳飞军权，委派其亲信兵部侍郎张宗元，至鄂州监管岳家军。

张宗元本为找碴挑刺、弹劾岳飞而去，结果亲眼见到岳家军军容严整、士气昂扬，人人厉兵秣马，随时准备深入中原、直捣敌穴之状，深为动容，内心转而对岳飞敬佩不已。还朝之后，上奏高宗道：

（岳家军）将帅辑和，军旅精锐，人怀忠孝，众和而勇，皆飞驯养之所致。

——宋·岳珂《金佗续编》卷十九

一支"人怀忠孝，众和而勇"的军队，和多数从军只为谋生混饭吃的部伍相比，其作战能力自是不可同日而语——因为一支军队的强大，离不开精神力量的支撑。

二、用人以信

岳飞治军讲究用人以信，凡有能力为抗金大业添砖加瓦之人，均不拘一格，大胆起用，即便是被俘或投诚之人，也待之以诚，用之不疑。

譬如其麾下骁将杨再兴，本是贼寇曹成部下。岳飞奉命剿匪时，杨再兴曾于两军交战中斩杀岳飞胞弟岳翻。后曹成兵败，投诚韩世忠，杨再兴却拒不投降，落入深涧被活抓。岳飞念其为人刚毅且勇猛善战，乃可用之材，见面后，不计杀弟之仇，亲解其缚，诚恳与其道："我与尔是乡人，汝壮士，吾不杀汝，当以忠义保国家！"

杨再兴被岳飞的胸怀格局打动，从此忠心耿耿追随岳飞，临战神勇，屡立奇勋——在第四次北伐的郾城大战中，其曾单枪匹马入敌阵，意欲生擒金军都元帅兀术，虽未能如愿，但其只身杀敌过百，又全身而退，足见武艺之高强。后来，颖昌大战前夜，其率三百骑兵为前锋，出城探听敌情，不幸猝遇金军大股部队。身陷重围下，杨再兴毫不畏怯，率部殊死奋战，杀敌三千余人后，终因寡不敌众，与三百将士同以身殉国。事后，岳家军找到其遗体火化时，发现他身上所中箭镞竟达两升之多——足可见当时战事之惨烈，其捐躯之悲壮！

再如洞庭湖杨么之乱中的水寨首领黄佐、杨钦，岳飞将二人招降后，均待之以礼，不仅设宴款待，赏赐丰厚，还即刻为二人保奏官职；更曾只身单骑入黄佐营地巡视，以示信任，还将高宗亲赐之金束带和战袍转赠杨钦。二人由是感激涕零，为报岳飞之恩，黄佐回返水寨招降两千余人，杨钦也为岳飞劝降多个水寨首领。

以上可见，岳飞"用人以信、待人以诚"之思想，极大地激发了岳家军的团队凝聚力与作战积极性。

三、以智取胜

《孙子兵法》有云"兵者，诡道也""兵以诈立""上兵伐谋"。

意思是，行军打仗，一定要善用谋略，以最小之代价取得最大之胜利。

这一点也是岳飞军事思想中的精华所在，比如，其曾曰：

为将无谋，不足以搏匹夫。

——宋·岳珂《金佗粹编》卷二十三

兵家之要，在于出奇，不可测识，始能取胜。

——宋·岳珂《金佗稡编》卷二十三

勇不足恃也，用兵在先定谋。谋者，胜负之机也，故为将之道，不患其无勇，而患其无谋。

——宋·岳珂《金佗稡编》续编卷二十三

至于其以智取胜之实战案例，前文已屡有叙及。

例如，其第一次参军时，曾率两百兵士到家乡相州剿匪。其先遣三十名士兵乔装为行旅商人，运车携货，进入盗匪盘踞之地，待三十名"商人"被盗匪掳进营寨后，又派百余名步兵于夜间设伏。次日，岳飞亲领数十骑前往诱敌，交战几个回合后，佯败而逃；贼兵追到山脚处，被百余名伏兵和先前打进敌人队伍的三十名士兵里应外合，一举将两个贼首拿下，其余喽啰则束手就擒。

岳飞在此战中分别运用了《孙子兵法》中的"利而诱之"（乔装商人，故意被掳）、"能而示之不能"（佯败而逃）、"用而示之不用"（安排伏兵）之计，以两百兵士轻松击溃数千匪贼，其以智取胜之能，在第一次指挥作战中就得以充分展现。

再如其在宗泽帐下时，曾奉命守卫汜水关。在军粮将尽、敌众我寡的情形下，他令三百士卒于夜间高举火把、满山奔走，造成援军已到之假象，吓得金军连夜撤营奔逃。又如他平定叛贼曹成时，抓获敌探，将计就计，故意泄露假情报，说己方军粮不足、即将撤退，在敌军信以为真，放松警惕时，发动奇袭，大获全胜！

此处着重讲述一例前文未曾提及且精彩得令人拍案叫绝之反间计。

在伪齐倒台前，岳飞收到谍报，称刘豫和兀术将要联兵南下。岳飞知刘豫一贯逢迎粘罕，令挞懒、兀术多有不满，便打算乘机离间，以加速金与伪齐关系的恶化。

某日，巡逻兵拿获一名兀术军间谍，请岳飞处决时，岳飞先是一愣，随即眉头微蹙，满目惊愕，直勾勾地盯了间谍半晌后，方凑近其身，低声斥责道："你不是我军中的张斌嘛！"随后，岳飞将此间谍带入私室，厉声责问："之前我派你至伪齐，传蜡书与刘豫，诱捕兀术共杀之，结果你一去不返，如今竟还叛投金人，该当何罪？！"

间谍听罢，初感莫名其妙，稍加反应后，知是岳飞认错人了！为保性命，于是其赶紧将错就错，承认自己就是张斌，之前任务没完成，滞留伪齐，如今逃返，就是希望能找机会戴罪立功。岳飞沉吟良久，写就书信一封，令其将此信件送与伪齐刘豫，并将刘豫举兵南向的期限带回，即可免死。间谍满口应承，军吏便在其大腿上划开一条刀口，置入蜡书后缝好，岳飞又送他大量钱财，反复交代他绝不可泄密。

间谍拜谢上路后，行出不远，便有士卒将其截回至岳飞帐内，岳飞又再三叮咛其务必守信，且添赠更多银两，如此反复三次，才放其上路。间谍见岳飞谨慎如斯，由是对此密信深信不疑，以最快速度赶往兀术营内报功请赏。兀术从其体内取出密信后，但见内容如下：去年八月，你我两军交锋，双方各尽其力，未露破绽，金人必对你信之不疑，如能诱捕兀术共杀之，则宋、齐当结为兄弟盟国，永世为好。

兀术阅罢，大为震惊，本着"宁可信其有，不可信其无"的宗旨，立即驰告金太宗，并于当年冬天和挞懒以配合伪齐南侵为由，亲至开封，将刘豫废黜并软禁——岳飞之反间计，成功取得预期效果，成为金国罢废伪齐的加速器。

岳飞用兵之足智多谋，不仅博得后人赞叹，也为当时人所公认：

人言岳承宣智勇为天下第一。

——宋·岳珂《鄂王行实编年》卷之二

老将宗泽曾赞其：

尔勇智才艺，古良将不能过。

——元·脱脱《宋史》卷三百六十五

大将张俊也曾对僚属道：

岳观察之勇略，吾与汝曹俱不及也！

——宋·岳珂《金佗稡编》续编卷十八

宰相张浚更对其平定杨么之乱时的用兵之术，叹为观止：

岳侯殆神算也！

——宋·岳珂《鄂王行实编年》卷之三

高宗在决意杀害岳飞前，也曾多次表达对其智谋过人的欣赏嘉叹之情：

> 卿识虑精深，为一时智谋之将，非他人比。
>
> ——宋·岳珂《金佗稡编》卷二

> 临敌而意气自若，决策则机智若神。
>
> 岳飞果毅而明，深沉以武。奇谋秘计，盖推韬略之高。
>
> ——宋·岳珂《金佗续编》卷二

宋孝宗后来也就此追评岳飞道：

> 岳飞拔自偏裨，骤当方面，智略不专于古法，沉雄殆得于天资。
>
> ——宋·岳珂《金佗续编》卷十三

岳飞不仅自己谋略如神，还极擅听取部将意见，常集众人之智，合而用之。每次出战前，岳飞总会召集全体统制官，环坐相商，推演敌军可能击败己军的种种方案（善观敌者，当逆知其所始），往往推演出六七种可能性方罢，然后再针对这些可能性制定破敌之策（善制敌者，当先去其所恃）。临战时，敌人之动向往往不出岳飞与部将推演所料，而对应的克敌之计岳飞早已了然于胸；以逸待劳之下，故其每每能"临敌而意气自若""有胜而无败"。

岳飞重视用兵以智，不仅因战争形势瞬息万状，必须随机应变，以

"智"应之；还因用兵以智，则代表只要智谋不竭，则用兵之术便可千变万化，无穷无尽，敌莫能测：

> 凡战者，以正合，以奇胜，故善出奇者，无穷如天地，不竭如江海。

> ——春秋·孙武《孙子兵法》

四、临战以勇

岳飞不仅多智，还具常人难及之"勇"。

其参军之初，就在宗泽军中博得"勇冠三军"之号，后又在赵构元帅府中获"敢死"之勇名，身为将领甚至统帅后，则常亲冒矢石，摧坚击锐，自为旗头。

例如，从军早期，岳飞曾率一百名骑兵至河南滑州侦察敌情。归途中，在黄河冰面上与金军发生遭遇战。当时敌众我寡，形势危急，岳飞鼓舞士兵道："敌人虽众，然不知我方虚实。趁其立脚未定，我们迅速出击，定能取胜！"言迄，其疾驰向前，策马举刀，直取金军将领而去，与金将双刃相接后，岳飞的刀竟劈入敌刃一寸多深！趁对方惊魂未定，岳飞猛然抽刀再战，将金将一举击杀；部众们乘胜追击，金军大败。

同一时期的曹州（今山东菏泽市南）遭遇战中，因敌众我寡，岳飞为鼓舞士气，曾卸掉头盔，冒箭矢，挥铁锏，直贯敌阵。其余士兵见此，无不以一当百，勇往直前；最终以白刃近战，大败金军，并追奔数十里。

第一次北伐，攻克湖北郢州时，已身为大帅的岳飞亲临战场指挥，当时战况激烈异常，忽有一巨块炮石飞坠于岳飞面前，左右士卒为之惊避，岳飞的脚却纹丝不动。

第四次北伐，郾城大战中，当战况最为激烈、双方胜负难分之时，岳飞忽率十几名亲兵驰突而出，身边部下见状，大惊失色，急拉住其马头劝阻；军情火急，岳飞无暇解释，只得一鞭打在部下手上，迫其松手。纵马驰入敌阵后，岳飞左右开弓，箭无虚发，又一举斩杀对方高级将领一名。岳家军见统帅亲自出马，士气瞬时拉满，个个有进无退，终将数倍于己的金军击溃，并追奔二十余里方才收兵。

所谓"上行而下效"，可以说，正是岳飞屡屡身先士卒，临战以勇，极大地鼓舞了全体将士的士气与斗志，才将岳家军铸造成一支攻城陷地、勇不可挡的威武之军。

五、治军以严

南宋章颖总结岳飞治军之严时，曾曰：

其御军也，重搜选，谨训习，公赏罚，明号令，严纪律，同甘苦。

——宋·岳珂《金佗稡编》续编卷二十一

接下来，便就这六个方面各做浅谈。

（一）重搜选

岳飞对士兵素质要求极高，认为兵贵精不贵多。

例如，其平定杨幺之乱后，俘获叛军及家属约二十万人，但仅从全数俘虏中选出五万左右精壮编入岳家军，其余老弱皆发放米粮，放归田里。又如朝廷曾将两支杂牌军拨归岳飞节制，内中士卒"皆不习战斗，且多老弱"，岳飞严加筛选，"择其可用者千人"，用几个月时间严加教习、训练，使之"遂为精兵"。

他还亲选勇健士卒，打造"背嵬亲军"，所选"皆一当百"；在重大战役的关键时刻，常投入这支战斗力极强之亲军，纵横驰骋，威慑敌阵：

> 凡有坚敌，遣背嵬军，无有不破者。

——宋·赵彦卫《云麓漫钞》卷七

如第四次北伐，郾城大捷后，岳飞料到兀术必会回击颍昌，果断令岳云率背嵬亲军星夜驰援，占据破敌先机，大获全胜。

（二）谨训习

孔子曰："不教而战，是谓弃之。"

意思是，让不经训练之人去作战，就等于抛弃他们的生命。

古代军事著作《将苑》中亦云："军无习练，百不当一；习而用之，一可当百！"

岳飞极为重视部队的军事训习，日常皆视无战为有战。不打仗时，就狠抓训练，刀、枪、棍、棒、弓弩，无所不习。训练过程皆按实战操作，如练骑马下坡、跳壕沟时，必披铠带甲，全副武装。某次，十几岁的岳云身披重铠，练飞马冲陡坡，不慎坐骑被绊，人仰马翻。岳飞大怒道："前驱大敌，亦如此耶？"下令将其斩首，在众部将叩头求情下，改为责打一百军棍。

滂沱雨、大雪降、狂风怒之日，正是练兵之时；崎岖路、河溪沟、荆棘处，正是练兵之地。——这是岳家军练兵时的真实情景。唯其如此，将士们方能在实战中适应各种恶劣天气及多变的地理环境，攻山洞、夺关隘、涉涧谷，无坚不摧；冒矢石、冲箭雨、攀城墙，攻无不克。

古罗马军事家维吉提乌斯，在《罗马军制论》中曾说：真正的勇士不是天生的，而是用严格的训练和铁一般的纪律造就的。

诚然如此，岳家军人人对作战技艺精熟谙习、武力高强，冲锋陷阵时能排山倒海、所向披靡，"人望之以为神"，与日常全方位的严苛训练分不开。

（三）公赏罚

岳飞治军注重赏罚分明，赏者不嫌疏，罚者不避亲：

> 小善必赏，小过必罚，待数千万人如待一人。

——宋·岳珂《金佗续编》卷三十

如平定贼寇曹成军时，士卒郭进在攻占莫邪关时，刺死敌方旗头，勇立头功。岳飞当即解下朝廷所赐之金束带，另加银器，赏与郭进，并将其提拔为从八品的秉义郎。

讨伐李成时，行经徽州，有百姓控告岳飞之舅姚某有欺压之举。岳飞按律责罚其舅，不料姚某怀恨在心，竟向岳飞施射冷箭，意图谋杀，幸亏其箭术不精，仅射中岳飞马鞍。岳飞大怒："不愿受军法约束，还欲谋害主将，虽为吾舅，亦不得留！"当即拍马而上，将其擒下，斩首示众。

正因岳飞赏罚公正，不避亲疏，故全军上下皆心服口服、毫无怨尤，且人人争立功、惧触法。

（四）明号令

岳飞军中有一统制官，名傅庆，骁勇善战，颇有战功，甚得岳飞倚重。但此人居功自傲，视长官岳飞为平级，且多在军中吹嘘"岳飞之所以能执掌一军，都是靠我出战有功"，后更欲离军出走、投归刘光世帐下。一次，岳飞于军中论功行赏，将高宗所赐之金带、战袍赏给在承州立有战功的王贵。傅庆不服，认为自己在清水亭也有战功，应赏予自己，因此当面顶撞岳飞，出语跋扈，还火烧战袍、锤碎金带。岳飞对其不遵军令之举大怒："不斩傅庆，何以示众！"遂令斩首。

平定洞庭湖杨么之乱时，鼎州将领任士安，过往不听上级号令，玩忽职守，拒不出战。朝廷无奈，将其拨归岳飞。岳飞见其后，先令军卒抽其一百军鞭，折其骄横之气，又斥责其过往无视军纪之罪，罚他率本部人马打前哨，如三天内攻不下水寨，提头来见！任士安听罢，心胆俱裂，一改往日之消极疲沓，全力配合岳家军作战，终立功赎罪，官升一级。

一次，岳飞派信使快马至临安奏事。使者行至江边，骤遇风暴，江上停渡，路人纷纷劝其改日过江。使者担心延误期限、遭军令处罚，回曰："宁为水溺死，不敢违（岳）相公令！"于是，不惧狂风巨浪，自驾小舟，横渡而去。所见之人，无不赞叹岳家军令行禁止，治军有道。

因岳飞号令如山，故岳家军虽成分复杂，多"四方亡命、乐纵、嗜杀之徒"，却能"虽将百万，可使合为一人也"，人人对军令、军纪"皆奉令承教，无敢违戾"。

（五）严纪律

岳家军是历史上著名的军纪严明、对民间秋毫无犯的部队。

有践民稼，伤农功，市物售直不如民欲之类，其死不贷。

——宋·岳珂《金佗稡编》卷九

取人一钱者，必斩。

——宋·岳珂《金佗续编》卷二十七

岳飞规定凡损坏庄稼，妨碍农作，欺压商户者，当处死刑。有士兵私取老百姓一缕麻捆马草，岳飞查实后，当场斩首。行军时宁愿露宿街头，也不惊扰百姓，如住百姓家中，早上则要为房东洒扫门庭，洗涤盆碗。有士卒向百姓购买薪柴，百姓因爱戴岳家军，自愿减价两文钱，士卒惊呼道：万万不可，我怎么可能拿两文钱换自己的脑袋呢！

南宋初期，即便官军也常劫掠民间，"肆为掳掠，甚于盗贼"。如张俊的部队从宁波行军到温州，"鸡犬为之一空，居民闻来，奔逃山谷，数百里间，寂无人烟"。而岳家军却从不游街逛衢，唯教阅操练时，人们方能得见军容：

每屯数万众，而市不见一卒，惟阅试振旅，则人始幸观之。

——宋·岳珂《金佗稡编》卷二十八

即使断炊缺粮、忍饥受冻时，岳家军也绝不骚扰百姓，做到了"冻死不拆屋，饿死不打掳"，是古代历史上罕见的军纪严肃、护民如子的部队。

各地百姓听闻岳家军经过，常争相围观，"举手加额，感慕至泣"。

宋廷对此也多番嘉奖，在岳飞的升官敕告中赞曰：

所至不扰，民不知有兵也。

——宋·岳珂《金佗稡编》卷五

千里行师，见秋毫之无犯；百城按堵，闻犬吠之不惊。

——宋·岳珂《金佗稡编》卷二

连万骑之众，而桴鼓不惊；涉千里之涂，而樵苏无犯。

——宋·岳珂《金佗稡编》卷三

（六）同甘苦

岳飞律军虽严，但其亦十分体恤士卒，与之同甘共苦。

在部队供给困难时，岳飞总是"奉己至薄""与士卒最下者同食"。行军露营时，如士卒宿于野外，则岳飞也决不入房；雨天泥泞难行时，总会下马与士兵一起于泥浆中跋涉。有犒军酒肉，必均分给所有将士，量少不够分时，便掺水共饮。朝廷若有赏赐，岳飞"一钱不私藏"，全数分与将士。士卒有病或受伤，岳飞会亲自探望、调药。部队出征后，还会安排妻子慰问将士家属，对有生活困难的士兵家庭，向其发放钱物，战死者则为之抚育孤寡。前线将士们因此得免后顾之忧，个个奋勇杀敌，以报家国。

综上，正是在岳飞"仁、信、智、勇、严"的治军思想下，方才淬炼出一支人怀忠义、众和而勇、军纪严明、有进无退，既得百姓无限爱戴，又令敌人闻风丧胆的威武岳家军。

龚延明教授对此评价曰："历代名将治军的业绩，还没有能够超过岳飞的。"

张其凡教授亦评价岳飞的军事才能与思想道："指挥大兵团，发动进攻战，战强敌而胜之，威震敌胆，环顾两宋三百年间，唯岳飞一人而已。他的战略战术，他的军事思想，是两宋军事思想宝库中不可多得的一笔珍贵宝藏。"

令臣提军前去，会合诸帅，同共掩击，兵力既合，必成大功。

——岳珂《金佗稡编》卷十二

四援淮西留军影

岳家军被迫班师半年后，金军又耀武扬威，卷土重来。

绍兴十一年（1141）正月，岳飞获悉谍报，兀术又将渡淮南侵（实在被岳飞打怕了，所以再次挑软柿子捏，直奔张俊负责的淮西战区）。永远也不可能对国家和人民的危难漠视不理的岳飞，再一次主动上奏：

令臣提军前去，会合诸帅，同共掩击，兵力既合，必成大功。

——宋·岳珂《金佗稡编》卷十二

结果奏章被秦桧扣压。

等敌军果然来犯，赵构又惶惶如丧家之犬，在淮南西路有张俊、杨沂中、刘錡三路大军，总兵力达十三万的情况下，仍觉唯有岳飞前来，方能保自己高枕无虞，于是一道道金字牌"急脚递"又飞驰至鄂州。为保岳飞必至，赵构翻动如簧巧舌，字里行间极尽倚重赞誉之词：

> "国尔忘身，谁如卿者""以卿天资忠义……必思有以济国家之急""以卿忠智许国，闻之必即日引道。"

> "卿忠智冠世，今日之举，社稷所系，贵在神速""以卿体国之意，必协心共济""朝夕需卿出师之报。"

> "谅卿忠愤许国之心，必当力践所言""破敌成功，非卿不可""朕素以社稷之计，倚重于卿。"

——宋·岳珂《金佗稡编》卷三

需岳飞应战护主时，就为其戴高帽、画大饼，待岳飞击退强敌、趁势反攻时，便又装傻充愣，一不应援粮草，二不出兵协助，每每令其痛失垂成之功，赵构实乃操弄人心之高手也！

宋史专家虞云国曾评其曰："赵构不仅在南宋，甚至在整个宋代，都是最擅长权术的皇帝，其政治智商绝对应该高看。"

的确，赵构并非传统意义上的蠢笨"昏君"。相反，他精明至极，做事目的性极强；为保自身利益，翻手云覆手雨，一人千面，变幻无常，实令人难以揣度。

然而，于岳飞而言，抗金救国乃是一种不可遏制的生命自觉性，又何须你赵构如此大费言辞？

几乎在赵构发出求援诏的同时，岳飞也急递奏章至临安，建议应趁敌穴空虚，以"围魏救赵"之策直捣其开封老巢：

> 虏既举国来寇，巢穴必虚，若长驱京、洛……势必得利。
>
> ——宋·岳珂《金佗稡编》卷十二

料到赵构向来是"头疼医头，脚痛医脚"，大概率不会同意这个出奇制胜之计，岳飞又给出了相对稳妥保守的备选计划（哎，真是为国为民，操碎了心）：

> 乞且亲至蕲（州）、黄（州），相度形势利害，以议攻却。
>
> ——宋·岳珂《金佗稡编》卷十二

意即岳家军绕至敌后，与淮西军南北夹击，把金军围歼于江、淮之间。

果然，一切又如岳飞所料，赵构只同意采取第二计划：

> 备悉卿意，然事有轻重，今江、浙驻跸，贼马近在淮西，势所当先。兼韩世忠、张俊、杨沂中、刘锜、李显忠等皆已与贼对垒，卿须亲提劲兵，星夜前来蕲、黄，径趋寿春，出其贼后，合力剿除凶渠，则天下定矣。
>
> ——宋·岳珂《金佗稡编》卷三

好一个"韩世忠、张俊、杨沂中、刘錡、李显忠等皆已与贼对垒"。

既如此,为何还要喊岳飞来援?又为何保淮西向来是全军齐上,而岳飞北伐之时,却总是孤军一旅?当是时,援军何在也?!

当岳飞冒着寒咳之疾进抵到舒州时,淮西战场上,宋军已取得一次大胜。接下来,想要独吞战功的张俊误信不实情报,以为金军即将撤兵,飞马传信岳飞,说"敌已渡淮","前途粮乏,不可行师",给岳家军下了逐客令。

以岳飞之智,对张俊所图自是洞若观火,于是留兵舒州,上奏朝廷,请高宗裁决行止。

岂料兀术仅把极少人马渡河北去,大军则伏于濠州四郊,而后又故意扬言说金军已退,以此将淮西宋军精锐之部六万人,诱入濠州城伏击之。

宋军就此大败,绝大部分士兵化作淮河畔的累累白骨。

可怜无定河边骨,犹是春闺梦里人!

在舒州待命的岳飞,听闻濠州告急,火速兼程北上。想到几万枉死的将士,想到高宗、张俊这些永远在添乱的"猪队友",其心中悲愤再难抑制,一句疑似"指斥乘舆"(即指责皇帝)的话,冲口而出:

国家了不得也,官家(宋高宗)又不修德!

——宋·岳珂《金佗稡编》卷二十四

而金军得知岳家军正紧急向濠州城挺进,便一溜烟儿渡淮北撤(兀术：只要避开岳飞，我还是能欺负欺负南宋的）。

这是岳飞第四次提兵援淮西，也是他生平最后一次抗金，从此在保家卫国的宋金战场上，人们再也看不到他统率千军万马、冲锋陷阵的英武之姿了！

等待他的，将是赵构和秦桧阴谋罗织的千古奇冤"莫须有"。

朕昔付卿等以一路宣抚之权尚小，今付卿等以枢府本兵之权甚大。

——李心传《建炎以来系年要录》卷一百四十

明升暗降解兵权

经历绍兴十年到十一年的几次大战交锋，女真贵族深刻感受到南宋军事实力的增强，不得不面对无法以武力灭宋的现实，于是改变策略，"乃始讲和"。

获悉金人有谈和意向，高宗与秦桧喜不自胜，赵构更迫不及待开始表演，为二次和谈放风造势，大言不惭道：

朕每欲与讲和，非惮之也。重念祖宗有天下二百年，爱养生灵，惟恐伤之，而日寻干戈，使南北之民肝脑涂地。所愿天心矜恻，消弭用兵之祸耳。

——宋·李心传《建炎以来系年要录》卷一百四十一

既如此爱惜子民，为何放任中原百姓任由金人践踏？又为何当年金人突袭维扬时，不率十万御营兵抗敌守城，只顾自己匹马逃窜、亡命海上，以致扬州、苏州、杭州、宁波四地皆遭屠城之灾？！

如此冠冕堂皇之语，不过是与首次议和时高举"孝"字旗一样，都是为自己的自私行为簪花敷粉、为屈膝投降编织遮羞布而已。

除了制造舆论，想要顺利谈和，还有武将一关要过。

毕竟，首次议和时，岳飞及韩世忠等人坚决反对、气势汹汹，几欲"滋生事端"的劲头，于高宗和秦桧而言，仍属历历在目。况且，即便不为议和，担心武将们久握重兵、跋扈难制，也一直是萦绕在高宗与其宰执们心头的一大问题。

如今金人重开和议，高宗深感削除诸将兵权，时机已至；且此事若成，可达一箭三雕之效：一可扫清议和障碍，二可防武将坐大、功高震主，三可向金国展露偃旗息鼓、弃取中原之决心。

（高宗：哥这奇谋妙计，谁看了不说一声"绝"！）

于是乎，绍兴十一年四月，"杯酒释兵权"的戏码在宋代历史中再度上演——朝廷将岳飞、韩世忠、张俊以"论功行赏"为由召集临安；盛宴过后，随即宣布任韩世忠、张俊为枢密使，岳飞任枢密副使，即日留朝任职，无须再返军事驻地。

好一招明升暗降，解除兵权！

一两日后，朝廷又发布第二道诏令，将三大将的宣抚司一同罢废，每个宣抚司中原来之统制官，"各统所部，自为一军"，且军衔前均冠"御前"二字，以示直属皇帝，由朝廷管辖指挥。

什么岳家军、韩家军、张家军，都是老子的御前赵家军！

此时，秦桧已与张俊达成幕后交易，假意允诺尽罢诸将后，将兵权独归张俊掌控，张俊信以为真——待调任枢密使的诏命方一发布，他便率先上章，表明"唯命是从"之心迹：

臣已到院治事，现管军马，伏望拨属御前使唤。

——宋·李心传《建炎以来系年要录》卷一百四十

韩世忠则嗅出一丝"狡兔死，良狗烹；高鸟尽，良弓藏"的凶险意味，为保身全，他特地制作了一条"一字巾"，至枢密院办公时，就将其裹在头上，以示悠闲；但外出，则必带亲兵护卫，以防不测。

而时刻对国家利益葆有强烈责任心的岳飞，虽遭朝廷如此算计，却仍以大局为重，首先想到的是，如何将此变动对军队战斗力的冲击降到最低——他请求朝廷将自己此行所带亲兵，除少量留作侍从外，其余皆返鄂州，护卫前线：

庶使缓急贼马侵犯，有所统摄，不致误事。

——宋·岳珂《金佗续编》卷十二

兵权收取如此顺利，赵构喜之不尽，但表面仍以甘言美语安抚三大将曰：

朕昔付卿等以一路宣抚之权尚小，今付卿等以枢府本兵之权甚大。卿等宜共为一心，勿分彼此，则兵力全而莫之能御，顾如兀术，何足扫除乎！

——宋·李心传《建炎以来系年要录》卷一百四十

可在这冠冕堂皇的烟雾弹下，高宗和秦桧紧锣密鼓在推进的，不是什么扫除兀术，而是认贼作父、残害忠良！

吾与世忠同王事，而使之以不幸被罪，吾为
负世忠！

———岳珂《金佗稡编》卷八

挺身而出护韩公

任岳飞、韩世忠为枢密使，对高宗和秦桧而言，自然只是权宜之计。他们的下一步行动，则是要罗织罪名，罢免二人之职，彻底消除他们干预朝政的权力。

当年五月，高宗以"措置战守"为由，命张俊、岳飞前往楚州按阅原韩世忠军马。

临行前，秦桧向二人密传高宗旨意，表明此行的真实目的乃是"捃摭（jùn zhí）世忠军事……备反侧"，意思就是搜集韩世忠治军之过失，"备反侧"明面是说防止韩世忠军发生哗变，实则暗示二人可设法激起军队闹事，以便给韩世忠定罪。

好一招挑拨离间、令两大抗金名将互相残害之计！

张俊此时已完全附会秦桧，遂对此心领神会，未抒异议（韩世忠乃其儿女亲家，人心何其凉薄焉）。而岳飞听罢，意识到高宗、秦桧行将陷害韩世忠，大为震惊，当即为其辩护道："世忠沐皇恩而升枢府大臣，则楚州之军，即朝廷之军也！"

意思是，韩世忠现任枢密使，其军队已划归朝廷，不管后面楚州军发生何事，都不能赖到人家韩世忠头上啊！

秦桧听罢，对岳飞之恨愈加刻骨。

二将行至楚州、点检军情，岳飞见韩世忠兵力仅三万，却能攻守自若，且城内积蓄大量钱粮军饷，对其钦佩不已，搭救之心愈切。而张俊检阅完毕，却提议将韩世忠的亲卫军拆散，分编入其他部队，岳飞反驳道：岂可如此！国家目前能领兵作战者，唯我们三四人而已，如后续再图进取，也只能靠咱们，若哪天朝廷令韩世忠重新掌军，咱们有何面目与之相见呢？！

张俊听罢，对岳飞恼恨至极：因岳飞之举，正阻碍了他此行想要挑弄是非、借此向高宗与秦桧立功表忠心的鬼蜮伎俩。

此后，二人巡视楚州城防时，张俊又找碴曰：

当修城守！

岳飞沉默不答，张俊却再三逼问，岳飞终忍无可忍，昂然道：

吾曹蒙国家厚恩，当相与勠力复中原，若今为退保计，何以激励将士？！

——宋·岳珂《金佗稡编》卷二十三

岳飞之语，毫不留情地道破了张俊提议修城，无非是为赞成和议、退兵江南做准备的卑劣意图。张俊登时气急败坏，随便寻了个事由，就要将城墙上的两个卫兵斩首泄愤，岳飞多番相劝、相救之下，暴虐的张俊仍挥剑削掉了两个无辜士兵的脑袋。

在张俊于军中不遗余力想要制造事端的同时，秦桧也安排早已收买好原在韩家军总领钱粮的胡纺向朝廷发起密告，说韩世忠的亲随耿著"蛊惑众听"，散播"二枢密来楚州，必分世忠之军"的流言，且"图叛逆"，想要"谋还世忠掌兵权"。

秦桧接到密告，当即秘捕耿著下大理寺狱，意要扩大事态，将韩世忠株连罢官。

岳飞因在承州，得以知悉此事，他既悲且愤，叹息连连：

吾与世忠同王事，而使之以不辜被罪，吾为负世忠！

——宋·岳珂《金佗稡编》卷八

之后，岳飞急忙致信韩世忠，令其设法自救。韩世忠得信，倒吸一口冷气，立即求见高宗，伏地痛哭，以明忠君之志。高宗见其为保性命不惜投地自明，万乘之尊、生杀予夺的快感得到极大满足，又念其显然比岳飞更易驾驭，兼早年还有苗刘兵变的救驾之功，故将其暂且放过。于是，这起冤案以耿著被刺配流放了事，韩世忠虎口逃生，幸免于难。

陷害韩世忠的阴谋诡计，一而再、再而三地被刚直不阿的岳飞所揭穿和阻挠，再次让高宗、秦桧、张俊深刻感受到岳飞之"不识时务""难以钳制"，必欲将其除之而后快了！

谤议蜂起遭罢官

然岳飞之心虽与天合，而秦桧之心则与虏合，飞之心在于恢复中原，而桧之心以为不杀飞则和不可成矣。

加以俊之心又与桧合，媒孽旋生，谗谤横出，不置之死地不止也。

——吕中《中兴大事记讲义》

楚州事毕、回返临安后，岳飞深感与张俊难以共事，又愤而提辞，请朝廷"别选异能，同张俊措置战守"——意思是那些钩心斗角、陷害忠良的龌龊事儿，那些动摇军心、自毁国防的昏招蠢计，我岳飞干不来，另请高明吧！

高宗则再次祭出那套心口不一的文字游戏，以各种器重之语假意不允、侮弄忠臣：

朕以前日兵力分，不足以御敌，故命合而为一，悉听于卿。朕以二、三大帅各当一隅，不足以展其才，故命登于枢机之府，以极吾委任之意。凡为此者，而岂徒哉。战守之事，固将付之卿也……毋烦费辞，稽我成命。所请宜不允。

——宋·岳珂《金佗续编》卷四

——哼，想走？准备好的脏水还没往你头上泼呢，岂可让你名誉无暇地全身而退？！

休想！

高宗一面不允岳飞辞职，一边示意秦桧行动。

于是，一时间，弹劾岳飞的奏章忽如雨后春笋，蜂拥而现。先是张俊带头发难，诬蔑岳飞在按军楚州时，曾倡议弃守楚州、退保长江，以致士气沮丧，民心动摇云云。

（岳飞：真乃贼喊捉贼，天下奇观。这不是你张俊自己说的话吗？！）

其他已受秦桧指使的三名谏官旋即一拥而上，颠倒黑白，胡编乱凑，往岳飞头上扣了三大罪状。

1. 言楚州不可守——欲弃山阳（楚州）而守江。

2. 第四次援淮西时，拖延行师，贻误军机——坚拒明诏，不以时发。

3. 整天盘算辞职、不思报国——爵高禄厚，志满意得，平昔功名之念，日以颓惰。

真可谓胡言乱语，实为可笑！

试问，谁能相信一向锐意抗金、数度北伐的岳飞会有如此言行呢？

把一个可能是全南宋抗金主战最为坚决之人，硬生生往卑弱怯战、贪图享乐的方向去抹黑，如此不顾常理与逻辑，足见投降派们已连最基本的脸皮都不要了：知道没人信，但没关系，高宗信就行啊！

眼见这股残害忠良的歪风邪浪愈演愈烈，有人曾劝岳飞到御前与张俊"廷辩"，以证清白，岳飞却不屑与这些卑劣之人缠斗："吾所无愧者，此心耳，何必辨。"

结果，令岳飞万想不到的是，在第一封弹劾奏章上呈的次日，高宗就迫不及待地开始亲自出场，煽风点火打辅助：

> 比遣张俊、岳飞往彼（楚州）措置战守，二人登城行视，飞于众中倡言："楚不可守，城安用修。"盖将士戍山阳厌久，欲弃而之他，飞意在附下以要誉，故其言如此，朕何赖焉！
>
> ——宋·李心传《建炎以来系年要录》卷一百四十一

意思是岳飞倡言放弃楚州，是为迎合将士们长期驻守当地的厌倦情绪，以此沽名钓誉、收拢人心。平素力主抗金的岳飞，私下竟会说这种话，如此表里不一，朕还怎么再信赖他呀！

眼见高宗上演如此拙劣之表演，岳飞终于明白了，原来想要弹劾整治自己的，不只是秦桧，背后还站着一个宋高宗。既如此，何须再多言？向以尸位素餐为耻的他，未做任何辩驳，便再一次递交了辞呈。

> 臣性识疏暗，昧于事机，立功无毫发之微，论罪有丘山之积。
>
> ——宋·岳飞《乞解枢柄第二札子》

岂惟旷职之可虞，抑亦妨贤之是惧，冀保全于终始，宜远引于山林。

——宋·岳飞《乞解枢柄第三札子》

一心伐敌报国，最后竟是罪行累累！

抗金无望，官爵名利于我何加焉！

这一次，对议和已感成竹在胸的赵构，终于不再假惺惺地挽留，立马精神抖擞地批复了岳飞所请。

岳飞就此赋闲回到庐山。

令人无比嗟叹的是，身遭秦桧走狗与高宗如此攻讦，岳飞始终未辩一语。但其请辞前，听闻武将刘锜也被剥夺军权，国防力量再遭削弱，依然不恤自身安危，上疏"请留锜掌军"，以防金人来犯时，朝廷无将可用，却被高宗断然拒绝。

黯然回返庐山后，某个萧萧秋夜里，岳飞从疆场厮杀的沉梦中惊醒，听着院落里此起彼伏的蟋蟀声，重回现实的他再无睡意，起身在冷冷月色下绕阶而行，写下一首委婉曲折、沉郁低回的名作《小重山》：

小重山

昨夜寒蛩不住鸣。惊回千里梦，已三更。

起来独自绕阶行。人悄悄，帘外月胧明。

白首为功名。旧山松竹老，阻归程。

欲将心事付瑶琴。知音少，弦断有谁听？

　　家乡的树木都已变老，自己也已操心至白发。十多年的等待，十多年的期盼，十多年的呕心沥血、疆场厮杀，都为扫清敌虏，重回故土。而今奸臣昏君一意求和，归程被阻……想把心事寄与琴弦，恨无知音，纵将琴弦弹断，又有谁来听呢?

　　此时的岳飞报国无门、知音难求，一无兵，二无权，已对皇权与议和之谋产生不了任何威胁。

　　赵构如还尚存一线良知，能念及岳飞为南宋社稷所立下的种种功勋（高宗能在江南站稳脚跟，岳飞的贡献虽不唯一，却毫无疑问是最大的），对其的政治迫害大可到此为止。

　　但丧心病狂、毫无下限的赵构和秦桧为向金人展示足够的投降诚意及彻底钳住抗战派的悠悠之口，已决意将抗金的标杆人物岳飞杀一儆百、置之死地。

相公！"莫须有"三字，何以服天下？！

——岳珂《金佗稡编》卷二十四

绍兴十一年，宋金议和使者已往返于道，金兀术令议和使向秦桧秘传口信道：

尔朝夕以和请，而岳飞方为河北图，且杀吾婿，不可以不报。必杀岳飞，而后和可成也。

——宋·岳珂《鄂王行实编年》卷之五

故而，当岳飞闲居庐山、日夕为国事叹息时，秦桧和张俊却已将之前意欲牵连韩世忠的冤案，如法炮制到岳飞身上了。

陷害岳飞的第一步，是要在岳家军中寻觅一个愿出面诬告岳飞之人。

秦桧、张俊首先挑中了岳飞之部将王贵。王贵在颖昌大战中因战事过于激烈，曾一度怯战后退，被岳云严厉斥责方止；战后岳飞本欲将其依法处斩，因众将士求情，方命其戴罪立功。此外，王贵军中曾有一士卒趁火灾偷取百姓芦筏，岳飞查实后，将此士卒立即斩首，并以律下不严之名责罚王贵一百军棍。

秦桧和张俊断定王贵必因屡番被罚而怨恨岳飞，可诱而用之。

结果却被王贵拒绝，其言道：一军统帅，管束千军万马，赏罚在所难免，将士们又岂可因被罚就心生怨恨。秦桧、张俊碰壁后，并未罢休，转而收集到王贵家中一些不宜示人的隐私之事，胁迫其就范，王贵恐惧之下，就此屈从。

此后，秦桧等又从岳家军中搜罗到另一个无耻小人，名王俊，绰号"王雕儿"。此人生性奸诈，专以告发他人营利，被拨入岳家军后，寸功未立，久不升迁，还屡遭上级张宪指责，早对岳飞和张宪衔恨在心，遂对迫害岳飞之事一呼即应。

接下来，秦桧、张俊对诬告岳飞的时间线做了精密策划。

绍兴十一年，张俊令岳飞部将张宪、其子岳云于九月一日启程，自鄂州前往镇江枢密行府参见议事。九月八日，王俊正式向王贵投告密状，言张宪与岳飞秘通书信，意欲谋反。王贵随即将状纸急递至镇江枢密行府，急递因昼夜兼程，虽比张宪之行晚七日发出，反比张宪、岳云更早到达。

如此一来，待岳云、张宪抵达镇江后，张俊已手握诬告状，立时将二人逮捕、扣押！

为还原事态，现将王俊之诬告状节录如下：

俊于八月二十二日夜二更以来，张太尉（按指张宪）使奴厮儿庆童来请俊去说话。俊到张太尉（张宪）衙，令虞候报覆，请俊入宅，在莲花池东面一亭子上。张太尉先与一和尚何泽点着烛，对面坐地说话。俊到时，何泽更不与俊相揖，便起向灯影黑处潜去。俊于张太尉面前唱喏，坐间，张太尉不作声，良久，问道："你早睡也？那你睡得着。"

俊道："太尉有甚事睡不着？"

……

张太尉道："更说与你：我相公（岳飞）处有人来，交我救他。"

俊道："如何救他？"

张太尉道："我遮人马动，则便是救他也。"

俊道："动后，甚意似？"

张太尉道："这里将人马老小尽底移去襄阳府不动，只在那驻扎，朝廷知，必使岳相公来弹压抚喻。"

俊道："太尉不得动人马。若太尉动人马，朝廷必疑，岳相公越被罪也。"

张太尉道："你理会不得。若朝廷使岳相公来时，便是我救他也。若朝廷不肯交相公来时，我将人马分布，自据襄阳府。"

俊道："诸军人马，如何起发得？"

张太尉道："我房劫舟船，尽装载步人老小，令马军便陆路前去。"

俊道："且看国家患难之际，且更消停。"

张太尉道："我待做，你安排着，待我交你下手做时，你便听我

＝＝＝

言语。"

俊道："恐军中不伏者多。"

……

张太尉道："待有不伏者剿杀！"

俊道："这军马做甚名目起发？"

张太尉道："你问得我是。我假做一件朝廷文字教发，我须交人不疑。"

俊道："太尉去襄阳府，后面张相公（张俊）遣人马来追袭，如何？"

张太尉道："必不敢来赶我。投他人马来到这里时，我已到襄阳府了也。"

俊道："且如到襄阳府，张相公（张俊）必不肯休，继续前来收捕，如何？"

张太尉道："我又何惧？"

俊道："若番人（金人）探得知，必来夹攻太尉。南面有张相公（张俊）人马，北面有番人，太尉如何处置？"

张太尉冷笑："我别有道理：待我遮里兵才动，先使人将文字去与番人，万一支吾不前，交番人发人马助我。"

……

九月初一日，张太尉起发赴枢密行府，俊去辞，张太尉道："王统制，你后面粗重物事转换了著，我去后，将来必共这懑一处，你收拾，等我来叫你。"

——宋·王明清《挥麈录》卷二

真可谓名副其实之"诬告状"！

通篇读来，凡拥有正常智力之人，无不能看得出此状情理之反常、漏洞之百出，且实为明显。

张宪极不赏识王俊，对其屡有责罚，又怎会与其相商谋反大事？

且如此机密事宜岂能连对方口风都不探一二，即竹筒倒豆子，事无巨细，将自己意图裹挟鄂州大军去往襄阳，以威逼朝廷将军权还归岳飞的计谋和盘托出？

在王俊已屡番劝阻、表示不赞同的情况下，张宪非但无杀人灭口之意，反而进一步将想要与金人勾连的意图肆无忌惮地予以告知……还不停对王俊说"你安排着""等我来叫你"云云，这合于情理乎？

综上可见，一个久经沙场、谋略过人的将领，竟把密谋造反之事搞得如同去哪里吃饭赶大集一样随意不拘、逢人即讲，这封状纸如若属实，则除非张宪是得了失心疯，又或者此人是天底下一字号的大傻瓜、大笨蛋、大白痴了！

而更为可笑，也更能证明此状纯属诬告的是，王俊因做贼心虚，怕万一此事扳不倒岳飞，他日被人算账，于是自作聪明，画蛇添足地在"首告状"后附了一个"小帖子"，意图给自己留出后路，帖子上言道：

张太尉（张宪）说岳相公（岳飞）处人来，教救他。俊即不曾见有人来，亦不曾见张太尉使人去相公处。张太尉发此言，故要激怒众人背叛朝廷。

——宋·岳珂《金佗稡编》卷二十四

　　王俊在小帖子里自供未见岳飞派人来鄂州，也未见张宪派人去岳飞处，相当于将岳飞摘了出来，诬告状仅能设冤于张宪，却不能牵连至岳飞了。

　　张俊对王俊如此自作主张、陷己方于被动之举当然大呼愚蠢，但事已至此，反正自己有高宗、秦桧撑腰，又有何惧？于是其无视枢密院乃军事机构，无审理案件之职权的宋代法规，私设公堂，将张宪和岳云提审、推勘。

　　然张宪虽被拷打至体无完肤，却始终不屈。张俊黔驴技穷下，竟捏造张宪口供上奏道：

　　张宪供通，为收岳飞处文字后谋反，行府已有供到文状。

　　　　　　　　——宋·李心传《建炎以来系年要录》卷一百四十二

　　此后，高宗与秦桧便迫不及待下令将张宪、岳云押遣杭州大理寺狱，并派高宗亲信杨沂中上庐山召回岳飞，且特意交代"要活底岳飞来！"

　　因有试图牵连韩世忠的耿著冤案在前，闲居庐山的岳飞见杨沂中前来，心中顿感不祥，于是对其道：

　　我看汝今日来，意思不好！

　　杨沂中却只推说朝廷相召，未肯详言，岳飞听罢，径自转回内院。过了好一阵，有个小侍女捧盘步出，向杨沂中献酒一杯。杨沂中不由心下惴惴，担心岳飞会否在内院自尽，而献给自己的这杯酒又会否有毒？

于是他不急饮酒，而是故意向小侍女问长问短，见侍女回答自若、无丝毫惊恐惶惧之状，这才放下心来，将酒一饮而尽。侍女退下后，岳飞从内院转出，朗然笑曰：

此酒无药，我今日方见汝是真兄弟！我为汝往。

——宋·岳珂《金佗稡编》卷二十八

岳飞抵达杭州后，鄂州大军的进奏官王处仁，冒险向其报告了王俊诬告之事（后王处仁因此事被流放岭南），劝岳飞赶紧效仿韩世忠，上奏自辩。岳飞听罢，方知谋害韩世忠的冤案果然已如法炮制到自己身上。倔强刚直的他不愿到高宗膝下告饶，于是凛然道：

使天有目，必不使忠臣陷不义；万一不幸，亦何所逃！

——宋·岳珂《鄂王行实编年》卷之五

——他赵家官人绝不缺乏明辨是非之能力，他若无心害我，我不必去求；他若真为屈膝求和、不惜谋害忠臣良将，我岳飞则不屑牺牲自己的人格和尊严去求饶！

很快，秦桧派人传话岳飞："请相公略到朝廷，别听圣旨。"

然而，令岳飞万万没想到的是，此后其坐轿竟被直接抬进了大理寺！

按宋时律法，"收禁罪人"需先"捕获人签押入案"，并由牢差当面验明身份，医生检查身体有无创伤等；可高宗秦桧却完全不遵法度，就这样鬼鬼祟祟地以阴谋诡计将岳飞逮捕入狱了！

抗起金来，一个个畏畏缩缩、低能无智；迫害起忠臣名将来，这叫一个雷厉风行、计谋百出！

话说岳飞出得轿来，发现自己竟已身处大理寺，厅内四面幕帘沉沉，森森可怖，不由得大惊道：

吾何到此！

不一会儿，忽然闯进几个狱吏，对岳飞道：这里不是相公坐处，御史中丞在后面等着你，请去对照几件事。

岳飞怒不可遏道：

我为国家宣力半生，今日到此，何也？！

狱吏不答，只管催促前行。

岳飞被带至一处厅堂后，忽见张宪、岳云脚锁镣铐，颈套重枷，露肤赤脚，浑身血染，步伐踉跄地被押进堂来。见此情景，岳飞脑中嗡的一声，似是响起无数个惊天炸雷，极度的惊诧、心痛、悲愤之下，他只觉五脏六腑都要迸裂开来，天旋地转，站立不稳……

是啊，投降派的阴险毒辣、卑劣无耻，岂是一心光明的岳飞所能想象得到的呢？！

尚未从震惊中恢复过来，忽又听狱卒厉声威喝道：

叉手立正!

闻听此语,岳飞怔了好一会儿:曾几何时,自己还是十万雄师的统帅,此时竟已沦为待审之囚徒。

时来天地皆同力,运去英雄不自由。

岳飞强抑内心悲愤,横眉立目,一声冷笑,喝道:

吾尝将百万军,然安知狱卒之贵乎!

——汉·班固《汉书补注》

这是也曾被诬谋反而含冤入狱的汉代名将周勃之语,意为:我曾掌管千军万马,却到今天才知小小狱卒的威风!

接下来的审问中,主审官何铸(乃秦桧门徒,是几个月前弹劾岳飞者之一)总算良心未至泯绝,其通盘审查了王俊的《告首状》《小帖子》及其他案宗资料后,认为大都诬枉不实,难以定罪。尚存良知的他不愿再做此丧尽天良之勾当,便去面见秦桧,力辩岳飞无罪,岂料秦桧冷冷答复道:

此上意也!(杀他是高宗的意思,你看着办吧。)

何铸仍不退让:

铸岂区区为一岳飞者,强敌未灭,无故戮一大将,失士卒心,非社稷之长计!

——元·脱脱《宋史》卷三百八十

自知理亏的秦桧听罢，气得面红耳赤，睁目张须，立马把"不识时务"的何铸撸下马来（后被流放外地），改命早欲置岳飞于死地而后快的门下走狗万俟卨（mò qí xiè）为主审官。

几个月前，万俟卨也曾参与弹劾岳飞。此人从前在湖北任职时，曾意欲攀附岳飞，而岳飞知其人品不佳，未予结交。万俟卨从此怀恨在心，如今更变本加厉，挟私报复，一升堂便把谋反的大帽子往岳飞头上生塞硬扣：

国家有何亏负汝三人，却要反背！

对此，岳飞正气凛然地驳斥道：

对天盟誓，吾无负于国家！汝等既掌正法，且不可损陷忠臣，（否则）吾到冥府，与汝等面对不休！

万俟卨却一声奸笑：

相公既不反，记得游天竺日，壁上留题曰"寒门何载富贵"乎？

其他陪审官也随声附和道：

既出此题，岂不是要反也！

岳飞见他们如此强行意会、肆意诬陷，才彻底省悟：原来他们根本不是为查明案情，而是蓄意栽赃，自己的狱案从一开始就是赤裸裸的阴谋与陷害！

如此一来，再多的申诉也无用了，岳飞于是闭目仰首，长叹一声：

吾方知既落国贼秦桧之手，使吾为国忠心，一旦都休！

——宋·岳珂《鄂王行实编年》卷之五

此后的两个多月，岳飞任由拷打，各色残酷刑罚历尽，却坚强不屈，始终不肯自诬。

朝堂上下的忠义之士，谁能相信一心许国的岳飞会谋反？纷纷设法营救之。

赵构之皇叔齐安郡王赵士㒟，愿以自家百口人的身家性命，保岳飞无谋逆之意（后因此事被窜贬福建）：

中原未靖，祸及忠义，是忘二圣，不欲复中原也。臣以百口保飞无他。

——元·脱脱《宋史》卷二百四十七

连福建的一名布衣百姓范澄之，也上疏为岳飞鸣冤（后因此事获罪被"窜杀"）：

天下之人不知岳飞之罪，又畏扇摇之诛，莫不顾盼相视，彷徨不能去。

胡虏未灭，飞之力尚能戡定……岂可令将帅相屠，自为逆贼报仇哉！

——宋·岳珂《金佗稡编》卷三十

为躲避迫害已辞职就闲、"绝口不言兵"的韩世忠也挺身而出，当面质询秦桧：岳飞之狱究竟有无实证？

秦桧张口结舌，含糊其词道：

飞子云与张宪书虽不明，其事体，莫须有。

意思是：没有实证，但谋反之意也许是有的……韩世忠简直不敢相信秦桧竟能说出如此无赖之语，愤而答道：

相公！"莫须有"三字，何以服天下？！

——宋·岳珂《金佗稡编》卷二十四

万俟卨逼供两个月却一无所获，最后绞尽脑汁，为岳飞罗织出如下两条罪状：

其一，岳飞自言与太祖（赵匡胤）俱以三十岁为节度使，此语犯"指斥乘舆"（冒犯皇上）罪。

其二，最后一次援淮西时，"拥重兵"而"逗留不进"，犯"拥兵逗留"罪。

此处必须依据事实，为岳飞一一驳斥之：

第一条，岳飞的原话是"我三十二岁上建节，自古少有"，这话往好处推测，是感激皇恩浩荡，往最差处想，也不过是自鸣得意而已。结果被投降派恶意篡改，年龄降低两岁，再比并太祖，就成了"指斥乘舆"之大罪！

第二条则更是颠倒黑白，肆意污蔑。前文有述，第四次援助淮西时，明明是张俊写信给岳飞说敌军已退，让岳家军无须再进，而岳飞收信后，也曾即刻禀明高宗，请其定夺行止。后濠州兵败，岳飞又火速驰援，一切皆有往来公文可查。

此处附援淮西时高宗下岳飞之手诏为证：

得卿奏，知卿属官自张俊处归报，虏已渡淮，卿只在舒州听候朝廷指挥，此以见卿小心恭慎，不敢专辄进退，深为得体，朕所嘉叹。

得卿奏，卿闻命即往庐州，遵陆勤劳，转饷艰阻，卿不复顾问，必遄（chuán）其行。非一意许国，谁肯如此。

——宋·岳珂《金佗稡编》卷三

而万俟卨之流明知以上罪名破绽百出，也要以此强行定案，是因一向正气浩然、律己甚严的岳飞实无任何黑点可供指摘。

其身为一代贤将之正己正物、风范点滴，且容下章徐徐述之。

旷古贤将遗风烈

臣闻正己然后可以正物，自治然后可以治人。

——岳珂《金佗稡编》卷十五

岳飞起自寒微，参军之后，不到十年间，便从一介白身位至将相。

宋朝虽重文抑武，但品级相同的情况下，武将的俸禄却远高于文臣（地位低，那钱就要给到位，不然谁给你老赵家卖命），终宋一代，节度使的俸禄极高。例如，正一品的宰相"料钱"每月三百贯、"禄粟"一百宋石，而从二品的节度使则每月"料钱"四百贯、"禄粟"一百五十宋石。

南宋诸大将除岳飞外，生活都极为奢靡，在丰厚俸禄外还多兼并田地，致"金钱巨亿"。如刘光世驻守淮东时，疯狂掠夺民间良田，光上报给赵构者即达三万宋亩，实际数目绝不止此。张俊更"占田遍天下，而家积巨万"，其田产每年收租之米高达六十万宋石，相当于岳飞三百多年的"禄粟"。韩世忠稍好些，每年收租之米也有数万宋石。

除此外，许多武将还经商牟利。比如张俊搞海外贸易获利几十倍，其死后，诸子献给朝廷的黄金就达九万两。刘光世派八万人搞回易（长途贩运），财源滚滚。杨沂中则将九座官营酒坊收为己有，牟取暴利。韩世忠罢官后，仅上缴回易利息就多达一百万贯。

而官至两镇节度使的岳飞，仅在庐山附近置田数顷，用来安置南下投奔自己的岳氏宗族。后其被害抄家，查办的官员都"恻然叹其贫"。秦桧不信岳飞家无余财，兴狱索查，把岳飞家吏拷问至死，也终无所获：

极力搜刮，家无余赀。秦桧犹疑之，谓所藏不止是，兴大狱数年，尽捕家吏，逮治有死者，而卒不得锱铢。

——宋·岳珂《金佗稡编》卷九

当时，诸大将在杭州均建豪华私邸，独岳飞无，高宗曾意欲为其造之，岳飞却慨然辞谢：

北虏未灭，臣何以家为！

——宋·岳珂《鄂王行实编年》

此外，岳飞只一妻，不娶姬妾，家中更无歌伎舞女。四川大将吴玠的属官曾到鄂州与岳飞商谈军事，饭都吃完了，也没见一个歌女来陪酒，其返回蜀地后，将此引为怪事告知吴玠。姬妾成群的吴玠听罢，立马花两千贯买来一个士族出身的蛾眉佳丽，并配置丰厚嫁妆，送到鄂州赠予岳飞。部将们都劝岳飞顺水推舟笑纳之，以此交好吴玠，并力抗金。岳飞却慨然道："国耻未雪，岂是大将安逸取乐之时？"转头便遣人将姑娘连同嫁妆"完璧归蜀"，而吴玠非但不介意，从此对岳飞还愈加敬重。

不仅如此，日常衣食住行，岳飞亦极尽节俭之能事。例如，其平日只穿布衣素服，不着绸缎。有次见妻子穿了件缯帛之衣，岳飞便叹息道："我听说被掳到北方的妃嫔们食不果腹，衣不蔽体，我们又岂可着如此华服呢？"此后，全家人都不敢再穿戴绫罗丝绸。日常饮食，岳飞每餐只吃一样荤菜，有次后厨多供了一份鸡肉，岳飞询问后，得知是鄂州官府所供，便立刻要求"后勿复供"。有位部将送他一样叫"酸馅"的面食，岳飞觉得美味无比，竟不舍得一次吃完，还将部分留作晚餐。

要知道，在当时，就连主战派名臣李纲，生活都极为奢华：

李纲私藏，过于国帑（tǎng），侍妾歌童，衣服饮食，极于美丽。每宴客设馔必至百品，遇出则厨传数十担。

——清·丁传靖《宋人轶事汇编》卷十四

而岳飞官拜两镇节度使，俸禄远超当朝宰相，清俭至此，万贯家财做何用？

答案是，都用来补贴军用和犒赏部下了。

《岳武穆公遗事》中，曾记载岳飞事迹如下：有次，岳飞令士兵将其家中私库的物品尽皆变卖，交付军匠，造良弓2000张。幕僚黄纵问曰：造军器，合该朝廷出资，怎可用你的私财（此官器，当破官钱）。岳飞答曰：打多少报告才能请来公款，军中急用，等不得（几个札子乞得，某速欲用，故自为之）。

除购造军械外，岳飞所有收入几乎都用于激赏将士或充作军衣军粮：

所得锡赉（lài），率以激犒将士，兵食不给，则资粮于私廪（lǐn）。

——宋·岳珂《金佗稡编》卷九

此外，岳飞在诸大将中军功最著，却从不居功自傲。每被拔擢或赏赐，均以"无功"辞免，对儿子岳云之军功，亦多次隐匿不报。与之同时，岳飞却总让功于同僚及部下。如第一次北伐时，朝廷曾命刘光世派兵出援，结果岳飞收复襄阳六郡三天后，刘光世部下的五千兵马才姗姗而来，可岳飞上报战功时，却请求朝廷先颁赏刘光世军，说虽然他们到时战事已定，但岳家军知有后援，士气高涨，这才打了胜仗（啧啧，情商一流）。对于部下，岳飞更是"将士之功，丝毫必录"，他总是说，能打胜仗，是"将士效力，飞何功之有？"

而尸位素餐、每每避敌怯战的刘光世、张俊之辈整天虚报战功，刘光世更曾在高宗面前大言不惭道"他日史官纪中兴名将帅，书臣功，功第一"，被赵构斥为"徒为空言"！

对比之下，岳飞功盖天下却谦逊至此，在南宋诸将中绝无仅有。

岳飞还天资敏悟，勤奋好学，喜结交文士，常与他们纵论古今，以增长学识；并时常请他们指出自己的过失或缺点，以便修身正己，其常对身边的文士与僚属道：

某被主上拔擢至此，傥有纤毫非是，被儒生写在史书上，万世揩改不得。

——宋·岳珂《金佗稡编》卷二十七

所以，凡与其接触之文士宿儒，无不赞叹他：

盛德懿行，夙夜小心，不以一物累其心。

——宋·岳珂《金佗续编》卷二十七

岳飞认为自己身为一军统帅，必须严于律己，亲为表率，治军时方能服其众，他曾于奏章中言道：

臣闻正己然后可以正物，自治然后可以治人。

——宋·岳珂《金佗稡编》卷十五

岳飞不仅律己甚严，教育子女亦极为严格。

日常，岳云、岳雷等除读书学习外，还需握犁把锄，操持农事，岳飞常对他们道："稼穑之难，不可不知也。"岳云年方十二岁即编入部队，行军打仗，功名自立。有次在军事练习中骑马下坡，坐骑被绊，人仰马翻，岳飞即要将其斩首示众，在诸部将叩头求情之下，仍责打其一百军棍。在岳飞如此严格的要求下，岳云二十岁左右即已能挑起统率一军之重担，临敌沉着，屡立军功。

此外，岳飞为人心胸宽广、格局阔大。在南宋五大帅中，其年纪最小、资历最浅，但能力最强、军功最著。其战功和声望后来居上时，曾引得韩世忠和张俊颇为眼热。但岳飞以大局为重，为使各大将能团结互援、共襄国是，常以极谦逊的姿态向二人致信问候，殷勤备至，韩世忠和张俊皆置之不理，岳飞亦从不介怀。平定洞庭湖杨幺之乱后，岳飞又向二人奉送缴获的战船巨舰各一艘，韩世忠收到后，异常高兴，从此与岳飞释嫌言欢，互相钦服；而小人心性的张俊却认为岳飞此举是炫耀战功，对其嫉恨更甚，令人鄙薄。

与人交往上，岳飞则重情谊，讲恩信。早年教其学箭的师傅周同去世后，岳飞在乡时，每逢初一十五必去祭奠，无钱购置酒肉时，甚至忍寒受冻、典当衣服。其第四次投军时，得遇贵人张所，但二人相处未久，张所即被贬，且于途中遭盗贼杀害。岳飞身居高位后，不仅上奏朝廷追复张所官职，还经多方打探寻得张所之子，养育在侧，视如己出。宋朝对高官有恩荫福利（子孙封官），岳飞有且仅用过一次，即是帮张所之子荫补为官。高宗、秦桧意欲谋害韩世忠时，亦是岳飞挺身而出，置个人安危于不顾，写信通知韩世忠。

身为人子，岳飞则天性至孝。其父早逝，其从军为将后，"凡遣人一十八次"，方从金人占领区寻得其母，接至驻地。平日，岳飞侍母无微不至，每日处理完繁忙军务，必到母亲处问安，且亲奉汤药，怕吵扰母亲休息，连走路都微声屏气而行。其母去世后，岳飞朝夕号恸，三日未进饮食。因军旅繁忙，朝廷不许其丁忧守丧，为寄哀思，岳飞特将母亲遗像雕成木刻，设立灵位，一如生前，晨昏问安。

求忠臣必于孝子之门——如不能事亲至孝，又怎可能报国以忠呢？

至于岳飞治军严明、体恤士卒之军旅风范，在其治军思想一章已作详叙，此处不再赘言。需略做补充的是，岳飞虽治军以严，却严而不酷，他说两军交战时，普通士卒只要手能握得住枪，口中有唾沫可咽，即可算有勇气了。他还注重保全士卒尊严，说士卒有过（未触及军法），应多以教导为主，不要动辄鞭笞杖击。

岳飞要求将士们严守军纪、对百姓秋毫不扰，自己也身体力行，为全军做出表率。有次，大军行经某地，地方长官因敬慕岳飞，特在城外路口设帐迎候，准备盛宴款待之。可眼见队伍行将至尾，仍未见到岳飞，这名官员忙拉住一位士卒问道：大将军何在？殿后军回答道：已夹在普通将佐中走了！

有次岳飞朝见高宗，高宗感叹道"天下未太平"，岳飞答曰：

> 文臣不爱钱，武臣不惜命，天下当太平。

——宋·岳珂《金佗稡编》卷九

他还在自己战袍上刺绣如下十个大字：

> 誓作中兴臣，必殄金贼主。

——宋·岳珂《金佗稡编》卷九

岳飞之所以能具备如上种种之情操风范、成旷古之贤将，究其根本，还在于其许身家国，不计个人得失，一切言行举止皆为"恢复河山"的人生总目标而服务。

所谓理想有多远，格局有多大是也。

清高宗乾隆曾评岳飞曰：

如武穆之用兵驭将，勇敢无敌，若韩信、彭越辈类皆能之。乃加以文武兼备，仁智并施，精忠无二，则虽古名将亦有所未逮焉……天下后世而仰望风烈，实可与日月争光矣。

——清·乾隆《御制武穆论》

华夏五千载，岂无完人乎！

碧血冤狱万古恨

岳飞父子竟死于大功垂成之秋。一时有志之士，为之扼腕切齿。

帝方偷安忍耻，匿怨忘亲，卒不免于来世之诮，悲夫！

——脱脱《宋史·高宗本纪》

万俟卨强行罗织岳飞罪名后，大理寺仍有正义官员试图营救岳飞。

大理寺丞李若朴、何彦猷给出的结案意见是：岳飞判处两年徒刑（李若朴、何彦猷后因此事被罢官）。大理寺卿周三畏当即批准。他们当然都知道岳飞是冤枉的，但他们更清楚无罪开释是肯定过不了赵构、秦桧之关的，只求能以此权宜之策保全忠臣性命。

万俟卨看到定案报告后，大为光火，周三畏却昂然道：必当依法而行，就算撤我的官我也这么判！（当依法。三畏岂惜大理卿！）

万俟卨将此报告退回不奏。

最后，岳飞于狱中拒进饮食，唯求速死，以此向高宗、秦桧表达宁死绝不自诬之意志。投降派们怕岳飞绝食而死、名节得以保全，慌忙把其十六岁的儿子岳雷以探视为由投入狱中，与岳飞同押一室。岳雷见到父亲不进食，哭个不停，岳飞顾念其子，终未能绝食而死。

眼见岁末将至，而岳飞之狱迟迟无法结案，黔驴技尽又深恐夜长梦多的秦桧某日独居书房，嘴中吃着柑橘，手中掐弄着橘皮，忧心忡忡。其妻王氏见状，阴恻恻提醒道："捉虎易，放虎难也！"

秦桧听罢，终于下定决心，竟再一次无视法度，在物证缺乏、被告人不服（岳飞犹不伏）的情况下，示意万俟卨将判决书修改为：

岳飞处斩刑，张宪处绞刑，岳云判徒刑三年（革职流放）。

赵构收到判决书后，当日批复：

岳飞特赐死，张宪、岳云并依军法施行，令杨沂中监斩，仍多差兵将防护。

——宋·李心传《建炎以来朝野杂记》乙集卷十二

在这场千古奇冤的最后一刻，赵构再一次挑战人性底线——将岳云的三年徒刑亲笔改为斩刑。

好一个斩草要除根！

还不忘交代一句："仍多差兵将防护。"

——防止劫法场，务必斩杀，千万别让他们跑了！

行文至此，笔者只觉内在情绪愤烈已极，笔下却无一恰当之字可供抒怀：赵构之无耻、卑劣、毒辣，实已超越人性之极限，世间更无语言可供形容，可谓天地之所不容，人神之所共愤！

诚如王夫之所评：

忘父兄之怨，忍宗社之羞，屈膝称臣于骄虏，而无愧怍之色；虐杀功臣，遂其猜防，而无不忍之心；倚任奸人，尽逐患难之亲臣，而无宽假之度。屏弱以偷一隅之安，幸存以享湖山之乐。湛（zhān）滞残疆，耻辱不恤，如此其甚者，求一念超出于利害而不可得。

——清·王夫之《宋论·高宗》

求一念超出于利害而不可得——意即赵构冷血凉薄至极，一辈子做的所有事儿，无一不是围绕自身利益！从前被金人打到屁滚尿流吓破胆、急需岳飞救命时，那可是一口一个"精忠岳飞"：

卿节义忠勇，无愧古人。

——宋·岳珂《金佗稡编》卷五

卿忠勇冠世，破敌成功，非卿不可。

宋·岳珂《金佗稡编》卷三

卿以忠义之气，独当强敌，志在殄灭贼众，朕心深所倾属。

——宋·岳珂《金佗稡编》卷二

卿夙有忧国爱君之心，可即日引道，兼程前来，朕非卿到，终不安心。

——宋·岳珂《金佗稡编》卷一

朕素以社稷之计，倚重于卿……国而忘身，谁如卿者……朝夕需卿出师之报……

——宋·岳珂《金佗稡编》卷三

一转眼，须用岳飞生命铺平议和之路时，就成了"莫须有""特赐死"！

慨当初，倚飞何重，后来何酷。
岂是功成身合死，可怜事去言难赎。

——明·文徵明《满江红·拂拭残碑》

当初为保皇权对岳飞有多倚重，如今为促和议，对岳飞就有多残酷。

三字狱成大理寺，不记诏书手亲赐！

千载之下，每睹此不白之冤，直欲吁天而无从也！

可叹在封建独裁社会里，即便一个臣子为国为民尽忠到极致，在统治者眼中，也不过是颗维护皇权的棋子而已。

悲兮！叹兮！

绍兴十一年十二月二十九日，岳飞于狱中被南宋投降派猛击胸胁而死（一说毒酒赐死），时年三十九岁。

一个南宋诸大将中唯一擅长进攻战的军事统帅，一个为国为民、鞠躬尽瘁死而后已的忠臣良将，一个献身烽火战场、出入枪林弹雨的抗金英雄，没有死在对敌作战的沙场上，却倒在了内部投降派的屠刀下。

这是岳飞个人的悲剧，也是南宋所有爱国军民的悲剧，是翘首南望、等候大宋王朝解救的中原百姓的悲剧，更是时代之悲哀。

岳飞已死的消息传到金国后，女真贵族们纷纷额手称庆，酌酒以贺，发出了直击灵魂的拷问：

此为真乎？天底下竟有此等好事儿？我们闻之丧胆、谈之色变、逢之必败的军神，他们竟自己手刃之？岂非梦也？！

羁留金国的宋使洪皓，见此情状，心碎肠断，吞声饮泣。

是啊，金人怎能不恍惚诧异，洪皓又如何不悲从中来，毕竟如此这般"亲者痛而仇者快"的自毁长城之举，翻遍宋史三百年，仅此一桩，难求有二！

岳飞之死，是南宋政治、军事的巨大转折点。

自此，北宋全盛时期所形成的帝王与士大夫共治天下的政权模式彻底逆转为君主集权制，政治生态急遽转向高压与专制；军队素质亦快速退化，将怠兵惰，无复战备。

宋史专家虞云国对此评曰："这种借大臣的冤狱乃至人头，让反对派政见噤声，为独裁统治者立威的做法，在中国专制历史上并不罕见，在宋代却是由宋高宗独开其例的。"

高宗忍自弃其中原，故忍杀飞。

——脱脱《宋史·岳飞传》

绍兴和议万马喑

参拾肆

　　赵构、秦桧在炮制岳飞冤狱的同时，与金再度媾和，史称"绍兴和议"。

　　当时，金国兵力经岳飞第四次北伐的打击，已师老兵疲；金人面对南宋虽仍倨傲无比，实质已是色厉内荏。兀术一面放归从前扣押的宋方使臣，暗示谈和之意；一面又举兵侵犯淮南，以武力倒逼南宋赶紧乞和，双管齐下，力促和议。

　　高宗、秦桧知晓金人之意，战场上未采取任何抵抗政策。即便如此，金军处境仍极为狼狈，军粮匮乏到一度"不避寒酷，踏泥打冻，决池涸港，掘藕拾菱，寻鱼摸蚌"，甚至杀戮随军奴婢作食。

金将龙虎大王等对兀术道：

若南宋受檄，犹得半军回；若宋军渡江，不击自溃。

——宋·李心传《建炎以来系年要录》卷一百四十二

意思是，如南宋同意议和，金军也仅能保住一半人马，若南宋渡江迎战，则匹马难还。可见金人兵力已衰颓至极。因此，当金人知晓岳飞已死后，喜出望外道："和议自此坚矣！"

与对忠臣名将的狠戾毒辣形成鲜明对比的，是赵构对金人"上国"的恭谨备至、竭力奉承——初知金人有和谈之意时，赵构便欣喜若狂，赶忙去信，感谢"上国"的不世之恩：

某昨蒙上国皇帝推不世之恩，日夜思念，不知所以图报，故遣使奉表，以修事大之礼。

——宋·李心传《建炎以来系年要录》卷一百四十一

对内则装腔作势道：

外国不可责以中国之礼，朕观三代以后，惟汉文帝待匈奴最为得体。彼书辞倨傲，则受而勿较；彼军旅侵犯，则御而勿逐。谨守吾中国之礼，而不以责外国，此最为得体也。

——宋·李心传《建炎以来系年要录》卷一百四十

如此讲究中国之礼，那当年侍卫对南逃牢骚几句，怎就亲手掣剑斩之？对忠肝义胆、功勋最著的大将又为何虐杀之？彼时怎不提中国之礼、不在乎得不得体了呢？原来堂堂"中兴之主"宋高宗的这番大度与仁义，仅针对仇敌，却不适用于自己的臣民！

宋方遣使求和后，金人挑剔使者官职不够尊贵，赵构又忙不迭点头哈腰、认罪赔礼：

> 窃自念昨蒙上皇帝割赐河南之地，德厚恩深，莫可伦拟；而愚识浅虑，处事乖错，自贻罪戾，虽悔何及。
>
> ——宋·李心传《建炎以来系年要录》卷一百四十二

甚至连奉送金人的礼品，也亲力操持，唯恐怠慢：

> 恐左藏库无佳帛，朕处有之。向张浚在川陕，每岁进奉樗蒲绫帛等皆在，朕未尝用一匹。
>
> ——宋·李心传《建炎以来系年要录》卷一百四十二

真可谓大金国之孝子贤孙，待灭国杀父之仇敌如此无微不至、掏心掏肺，实是不复知人间还有羞耻事了！

"得益"于岳飞之案的威慑力，此次和议的反对声浪比之初次大幅降低，故而进程较快。双方达成议和条件如下：

1. 宋向金奉表称臣，每年进贡银二十五万两、绢二十五万匹；

2. 金国放还高宗生母韦氏，归还宋徽宗、郑皇后之梓宫；

3. 双方东以淮水中流、西以大散关为界。

岳家军之前浴血收复的唐、邓、商、虢等州及川陕将领收复的陕西州县、可由关陕入汉中的和尚原要塞（今陕西宝鸡西南），都割让金朝。

宋人吕中评此曰：

> 向者战败而求和，今则战胜而求和矣；向者战败而弃地，今则战胜而弃地矣！
>
> ——宋·李心传《建炎以来系年要录》卷一百四十六

宋高宗以"臣构"的名义向金国敬献誓表，并恬不知耻地以此誓表祭告天地、宗庙、社稷：

> 既蒙恩造，许备藩方，世世子孙，谨守臣节……有渝此盟，明神是殛（jí），坠命亡氏，踣（bó）其国家。
>
> ——元·脱脱《金史》卷七十七

好一个"世世子孙，谨守臣节"，丧权辱国却沾沾自喜，认敌为父竟甘之如饴，实令人拍案叫绝、叹为观止。且不知其列祖列宗泉下得见此表，将作何想焉。

和议达成后，金使送"臣构"生母韦氏和徽宗梓宫南归。临行前，钦宗拉住韦氏的车轮痛哭哀求：

> 第与吾南归，但得为太乙宫主足矣，它无望于九哥也。
>
> ——宋·佚名《朝野遗记》

只要九弟能救我回返宋土，赐一宫观闲职，了此残生，足矣！

而"求一念超出于利害而不可得"的赵构，对兄长这远在北天的泣血呼号，是绝无可能有任何响应的。勿说生前，即便二十年后，钦宗已死，金世宗主动表示愿归还其灵柩，亦被南宋婉拒——不管钦宗是生是死，只要回来，于"臣构"皇帝而言，都是对其皇权正统性的莫大威胁！

护送"臣构"之母返宋的金使刘祹抵达南宋后，向接迎的宋方官员问曰：岳飞以何罪而死？

宋方面色赧然，闪烁其词道：意欲谋叛，为部将所告，以此抵诛。

岂料刘祹听罢，一声冷笑，正色道：

> 江南忠臣善用兵者，止有岳飞，所至纪律甚严，秋毫无所犯。所谓项羽有一范增而不能用，所以为我擒。如飞者，无亦江南之范增乎！

——宋·岳珂《鄂王行实编年》卷之五

连金国人都对岳飞的精忠报国钦服无已，赵构秦桧之流闻之，怎不愧死也！

然而，事实却是，他们非但无愧，反为掩盖罪行而大肆株连迫害。

岳飞死后，岳云、张宪被斩于临安闹市，岳云死年二十三岁，张宪年龄不详。岳飞、张宪家产充公，家属被流放岭南与福建，赵构特意下旨，规定"多差得力人兵，防送前去，不得一并上路"。

其他反对和议的文武官员，亦皆遭清算，或罢、或调、或杀。例如前宰相赵鼎，因说了一句"和不可成"，竟被一贬再贬，最终流放海南，绝食而死。曾为岳飞仗义执言或试图施救者，也都或流放、或下狱、或窜死，连赵构皇叔齐安郡王赵士㒟也被逐出临安，贬窜福建。原岳家军亦被肢解、缩编，部下将领或被罢官、或被编管，猛将牛皋甚至被毒死。

更有甚者，因忌讳一个"岳"字，朝廷竟下诏将岳州更名为纯州，岳阳军改为华荣军，赵构秦桧之做贼心虚、欲盖弥彰，竟至如此！

王曾瑜教授言宋高宗"在位三十六年间贬窜、冤死和残杀的记录，在宋朝政治史上可谓是空前绝后的。他无疑是天水一朝罪恶记录最多的皇帝"。

此后，朝堂上下"以天下为己任"之使命感遭受重创，万马齐喑，士风萎靡。在完颜亮毁约南犯前的二十年间，再无人敢称兵北伐、恢复故疆，南北分裂的政治局面就此形成且不可逆转。

> 南渡君臣轻社稷，中原父老望旌旗。
> 英雄已死嗟何及，天下中分遂不支。
>
> ——赵孟頫《岳鄂王墓》

自此，南宋政权自断与华北中原的关系，南宋爱国人民只能在梦中、诗中，甚至遗言里，寄托恢复中原、统一祖国之心声：

> 夜阑卧听风吹雨，铁马冰河入梦来。
>
> ——宋·陆游《十一月四日风雨大作》

王师北定中原日，家祭无忘告乃翁。

——宋·陆游《示儿》

而北方金人统治下的百姓，更只能在金人铁骑扬起的尘土中，泪眼望断，岁岁复年年，不见王师来：

遗民泪尽胡尘里，南望王师又一年。

——宋·陆游《秋夜将晓出篱门迎凉有感二首·其二》

中原望断因公死，北客犹能说旧愁。

——宋·王英孙《岳武穆王墓》

对赵构为偷安一隅而无底线向金屈膝、对内窒息式专制的行为，绍兴三十一年（1161）金国复又犯宋后，有文士何宋英冒死上疏，尖锐抨击道：

结胡虏之好，罢天下之兵，诛大将而挫忠臣之锐，窜元戎而销壮士之心……臣闻父母之仇不与戴天，兄弟之仇不与同履地，陛下曾念父母兄弟之仇乎……自旷古来，未有受辱如朝廷也！未有忍辱如陛下也！

——曾枣庄、刘琳主编《全宋文》第二百零七册

今宋史专家王曾瑜亦对此评曰：

"一个雄健大丈夫的体魄，却很不协调地包裹着一个卑怯得出奇的灵

魂。在杀父之仇面前，宋高宗表现了一种不可思议的奴气。他本可'必不专恃和，虽和必不至于甚卑屈'，却甘愿选择稍有血性者不堪承受的卑屈和议……但在臣民面前，宋高宗却仍保持了皇帝特有的尊严和威风，不时表现出蛮不讲理的专横。帝气和十足的奴气合于一身，这在历史上是罕有其比的。大丈夫能屈能伸，历史上不乏受辱一时以成大业的实例，这当然完全不适用于宋高宗，他受辱的目的仅在于偷安。"

天日昭昭！天日昭昭！

——陶宗仪《说郭》卷十九

参拾伍

忠魂永存昭天日

1161 年，岳飞死后二十年，金国海陵王完颜亮撕毁绍兴合议，将残存北方的赵氏皇族一百余口全数屠戮，兴兵伐宋。直至此时，金军中还流传着这样一句话："岳飞不死，大金灭矣！"

因金国毁约兴兵，南宋抗金舆论再起，有官员开始奏议为岳飞平反，他们在奏章中言岳飞"忠义无比，志清宇宙""勋烈炳天地，精忠贯日月，无尺寸之封，而反受大戮""至今人言其冤，往往为之出涕"，请求为其昭雪，"以谢三军之士，以激忠义之气"。

　　1162 年，在抗金立场上已信用破产的宋高宗，禅位养子宋孝宗。宋孝宗有抗金之志，即位后当即宣布为岳飞平反昭雪，追复原官，下诏寻觅岳飞遗体，以礼改葬在西湖栖霞岭下；并寻访岳飞子孙，赐以官职。

　　宋孝宗召见岳飞第三子岳霖时，曾曰：

　　卿家纪律、用兵之法，张、韩远不及。卿家冤枉，朕悉知之，天下共知其冤。

——宋·岳珂《金佗稡编》卷九

　　1170 年，宋廷以州人所请，在鄂州建岳飞庙，赐庙为"忠烈"。

　　1177 年，宋孝宗赐岳飞谥号忠愍，并于官方布告中评其曰：

　　人谓中兴论功行封，当居第一。……若其奉己至薄，与下士同甘苦；持军至严，所过秋毫无敢犯；礼贤至恭，一时名人皆萃于幕府；持循礼法，动合轨物，恂恂若一书生，兹又古名将所不可望者。

——宋·岳珂《金佗稡编》卷十四

　　1178 年，宋孝宗改赐岳飞谥号武穆，官方布告中评曰：

　　为将而顾望畏避，保安富贵，养寇以自丰者多矣。公独不然，平居洁廉，不殖货产，虽赐金己俸，散予莫啬，则不知有其家。临战亲冒矢石，为士卒先，摧精击锐，不胜不止，则不知有其身。忠义徇国，史册所载，何以尚兹。

——宋·岳珂《金佗稡编续编》卷十四

1204 年，宋宁宗追封岳飞为鄂王。

1225 年，宋理宗诏岳飞为故太师，改谥号为"忠武"。

岳飞死后的百年间，虽宋王朝不断为其平反、追封，可生前不幸，死后哀荣，又有何用？对封建专制统治者而言，是捧、是杀、是平反，几乎全看其政治需求，又存几分真情实意呢？

与之相比，唯有人民真挚且永久的崇敬与怀念，才是对岳飞真正的平反昭雪。或者说，岳飞根本无须平反，因为在人民心中，他从未陨落。

绍兴十一年，岳飞遇害后，临安市民泪下如雨，乃至三尺之童都唾骂秦桧，"天下闻者无不垂涕"。

有狱卒隗顺感岳飞之忠义，冒险将其尸身背出，偷偷安葬；有禁卫军将士施全手持斩马刀于上朝路上刺杀秦桧，可惜未能成功，壮烈牺牲；韩世忠在杭州飞来峰建亭，从岳飞"经年尘土满征衣，特特寻芳上翠微"之诗中撷取两字命为"翠微亭"，以资纪念。

即便在宋高宗尚且在位、岳飞案尚未平反之时，鄂州人民也家家悬挂岳飞画像，晨昏奉祀；原岳家军将士亦曾向巡视鄂州的中央官员联名上状，要求为故帅申冤正名，哭声如雷；就连金人统治下的朱仙镇人民，也暗地建庙，秘密祭祀岳飞……

宋末抗元名臣文天祥，对岳飞之忠义、功绩、书法、文学等仰慕不已：

岳先生，我宋之吕尚（姜子牙）也。建功树绩，载在史册，千百世后，如见其生。至于笔法，若云鹤游天，群鸿戏海，尤足见干城之选，而兼文学之长，当吾世谁能及之。

——宋·文天祥跋岳飞书《吊古战场文》

惟中兴之初，先武穆王手扶天戈，忠义与日月争光。名在旗常，功在社稷。天报勋劳，克昌厥后，虽百世可知也。

——宋·文天祥《文山先生全集》卷六

南宋灭亡后，元人修《宋史》，誉岳飞为西汉以来之武将典范：

文武全器、仁智并施如宋岳飞者，一代岂多见哉……忠义之言，流出肺腑，真有诸葛孔明之风。

——元·脱脱《宋史》卷三百六十五

岳飞死后四百多年的明朝，人民铸秦桧夫妇、万俟卨、张俊之铜像，令其反剪跪于岳飞墓前（21 世纪了，是时候补上一个赵构了），还在墓阙上刻对联如下：

青山有幸埋忠骨，白铁无辜铸佞臣。

到了清代，袁枚有诗云：

梨花寒食烧香女，纤手都来折桧枝。

——清·袁枚《谒岳王墓》

你看，连杭州城里的姑娘们在寒食扫墓时，都会攀折桧枝，发泄痛恨秦桧之情。

到八百多年后的今天，西子湖畔的岳飞墓、庙依然有无数人前往瞻仰、悼念。

是非公道，自在人心。

历史终究还英雄以鲜花与荣誉，惩民族败类以千古骂名、万年遗臭！

一切诚如岳飞临刑前，挥笔在狱案上写下的八个大字：

天日昭昭！天日昭昭！

——明·陶宗仪《说郛》卷十九

多情的人民赋予岳飞无限敬仰与追思，而岳飞也以其强烈的爱国主义精神与中华民族气节，千百年来，哺育和激励了一代又一代的英雄人物，继续护卫着自己的祖国和人民，他们有："人生自古谁无死，留取丹心照汗青"的文天祥；"粉骨碎身全不顾，要留清白在人间"的于谦；"封侯非我意，但愿海波平"的戚继光；"死后不愁无勇将，忠魂依旧守辽东"的袁崇焕；"苟利国家生死以，岂因祸福避趋之"的林则徐；"天下为公"的孙中山……

在国家与中华民族陷入生死存亡的危急时刻，他们传递着岳飞的精神火把，挺身而出，前仆后继，以天下、以国家、以百姓为己任，视死如归，绝不妥协。而我们的国家与民族，也正因有了这些不断传承和发扬爱国正气的中华脊梁，才能屹立至今，不绝于史。

孙中山说：

岳飞魂，是中华民族的精神代表，也就是民族魂。

毛泽东说：

岳飞被杀，就家喻户晓并且流芳千古了。他流了血，这血就渗透到我们民族体内，世世代代传下来。

从这个角度讲，岳飞又何曾死去呢？

天日昭昭，英雄爱国为民之魂，永存世间！

书写岳飞，是一个不断提升自己人生格局的过程

早在 2019 年，我就曾试图书写岳飞。

通读了市面上所能搜罗到的所有资料书，甚至专门去了趟杭州岳王庙后，我却仍感无从下笔。

因为，要写好一个历史人物，史料的收集和精读，仅是第一步。更重要的是，在这个过程中写作者要不断地去贴近人物、感受人物，直至钻进人物内心，和人物完全心意相通，才能写出情感真实、逻辑通畅的人物传记。

　　然而，在 2019 年，当我尝试把自己设想为岳飞，把他不足四十年却波澜壮阔的一生移转至自己身上时，我感受到的，不是对岳飞的理解和共鸣，而是冲天塞地的冤屈与不忿："我"岳飞杀敌御国、血染疆场，为国家和人民利益不惜付出自己的一切，最后竟以"莫须有"的千古奇冤收场？！

　　而迫害"我"的奸佞之人、卖国保身者们，却个个得偿所愿——赵构活到八十一岁，是整个宋代最高寿的帝王，退位为太上皇的二十几年间，他享尽了也许是当时全球最豪华、最侈靡的富贵生活；秦桧在绍兴合议后权倾朝野、独揽相权十八年；张俊被拜为太师，死后配享高宗庙……

　　在生前，他们没有一个人曾为迫害"我"岳飞而付出代价。

　　当时的我，完全被这剧烈的善恶颠倒与现世不公击溃了——精忠报国的英雄被构陷至死，祸国殃民之徒却个个尽享荣华富贵、寿终正寝！那么，做一个正直、勇敢、为国为民、以天下为己任者意义何在？！

　　岳飞的人生太冤了！太亏了！太不值当了！

　　我才不要做岳飞！

　　我甚至深刻怀疑：如果历史能重来，岳飞还愿做岳飞吗？！

　　这便是当时研读岳飞史料时，我心中迸发出的最真实的呐喊与疑问。

　　在这样的抵触心态下，当然写不出真正的岳飞。

　　跳过岳飞不写后，不久，我又碰上了范仲淹这座大山。

　　论人格高度、心胸境界、事业功绩，范仲淹是近乎完人般的存在。这再度让身为凡夫俗子的我在代入人物时生出强烈的惶恐与不真实感，和写岳飞一样无从下笔。

可总不能每一座大山都跳过。

于是，我决定咬牙死磕，在故纸堆中反复思索、质疑、探求，磕磕绊绊地攀爬着那座名为"范仲淹"的巍峨高山。在调动全身心的能量不断追赶、靠近和揣摩人物的过程中，不知有多少次，我感觉自己的五脏六腑被范文正公的人生境界和高远志向撑胀得像要炸开一样。

艰辛跋涉近一年后，我才终于为书写范仲淹打下一块理解的基石：在这世上，就是有范仲淹这样因极致崇高的理想与信仰而克服了人性绝大部分弱点的人——他们的名字，叫"圣贤"或"国士"。

范仲淹的短篇人物志完工后，我意识到，重新书写岳飞的时机到了。

因为本质上，岳飞和范仲淹是同一类人：为国忘己，先忧后乐。

而从前的我，代入岳飞后，之所以沉浸在冲天的冤屈中不能释怀，甚至生发出"如果历史能重来，岳飞还愿做岳飞吗"的叩问，是因为当时的自己完全是以凡夫俗子独善其身之心，度英雄伟人拯济天下之腹，还在以"付出了这么多，对他自己有何好处，他得到了什么"的只顾一己私利之格局，去衡量岳飞的人生得失。

真的太惭愧了。

岳飞从一开始选定的，就是"驱除敌虏，光复河山"这样一条超越自我的道路啊！

高官厚禄、富贵安康、人生顺遂，这些芸芸众生孜孜以求之物，本就不是岳飞志向所在，若岳飞的终极追求是这些，顺着高宗做投降派，一切不是唾手可得吗？

其抗金报国的初心，非为己身，而是利国利民利他。

如果历史能重来，岳飞还愿做岳飞吗？

答案就是，若历史重来，岳飞便不再做杀敌报国的岳飞，那他本也就成不了岳飞。

人生的最后时刻，他或许会遗恨自己未逢明君、没能实现光复河山的平生志向，却绝不会后悔和质疑自己抗金报国的人生选择。

读岳飞越多，越能深深感受到：岳飞最大的"软肋"，就是永远也做不到对国家和人民的苦难漠视不理，他是真正的英雄、国士。

在写岳飞前，我的人生追求很简单：做自己喜欢的事儿，并设法从中谋生，尽可能自在散漫地过一生。而书写岳飞后，我总不禁自问：仅此一次的人生，我能否像岳飞一样，在某些时刻跳出小我，为国家、民族或是他人做点什么，哪怕是贡献一点点的力量也好。

那么，再回望 2019 年我曾发出的那个喟叹：

做一个正直、勇敢、为国为民、以天下为己任者意义何在？

答案是，这种精神将代代传承，激励无数后人走上超越自我之路。

与君共勉。

© 民主与建设出版社，2024

图书在版编目（CIP）数据

满江红 : 我们终于可以聊聊岳飞 / 周公子著 . --
北京 : 民主与建设出版社，2024.5
ISBN 978-7-5139-4332-1

Ⅰ . ①满… Ⅱ . ①周… Ⅲ . ①岳飞（1103-1142）-
传记 Ⅳ . ① K825.2

中国国家版本馆 CIP 数据核字（2023）第 159901 号

满江红 : 我们终于可以聊聊岳飞
MANJIANGHONG WOMEN ZHONGYU KEYI LIAOLIAO YUE FEI

著　　者	周公子	
责任编辑	郭丽芳　周　艺	
装帧设计	所以设计馆	
出版发行	民主与建设出版社有限责任公司	
电　　话	（010）59417747　59419778	
社　　址	北京市海淀区西三环中路 10 号望海楼 E 座 7 层	
邮　　编	100142	
印　　刷	北京盛通印刷股份有限公司	
版　　次	2024 年 5 月第 1 版	
印　　次	2024 年 5 月第 1 次印刷	
开　　本	880 毫米 ×1230 毫米　　1/32	
印　　张	8.5	
字　　数	200 千字	
书　　号	ISBN 978-7-5139-4332-1	
定　　价	56.00 元	

注 : 如有印、装质量问题，请与出版社联系。